Diogenes Taschenbuch 21498

detebe

Lobet den Herrn!

Gebete großer Dichter und Denker

Gesammelt von Christian Strich

Mit einem Vorwort von Thomas Merton und einem Essay von Alexis Carrel

Diogenes

Das Vorwort von Thomas Merton
ist dem 1986 bei Diogenes erschienenen Band
›Im Einklang mit sich und der Welt‹ entnommen
Aus dem Amerikanischen von Georg Tepe
Der Essay von Alexis Carrel
erschien erstmals 1944 unter dem Titel ›La Prière‹
in der Librairie Plon, Paris
Aus dem Französischen von Alfred Kuoni
Umschlagillustration:
Fra Angelico,
›Christus am Ölberg‹, 1450
(Detail)

80/87/8/1
ISBN 3 257 21498 7

Wenn ihr betet, macht es nicht wie die Heuchler. Denn sie stellen sich beim Gebet gern in die Synagogen und an die Straßenecken, um den Leuten aufzufallen. Aber, ich sage euch: Sie haben ihren Lohn bereits erhalten. Du aber geh in deine Kammer, wenn du betest, und schließe die Tür zu; dann bete zu deinem Vater, der im Verborgenen ist. Dein Vater, der auch das Verborgene sieht, wird es dir vergelten.

Wenn ihr betet, sollt ihr nicht plappern wie die Heiden, die meinen, sie werden nur erhört, wenn sie viele Worte machen. Macht es nicht wie sie; denn euer Vater weiß, was ihr braucht, noch ehe ihr ihn bittet.

Jesus von Nazareth

Das Gebet hat eine große Kraft! Es macht ein sauer Herz süß, ein traurig Herz froh, ein arm Herz reich, ein dumm Herz weise, ein blöd Herz kühn, ein blind Herz sehend, eine kalte Seele brennend.

Mechthild von Magdeburg

Große Gedanken und ein reines Herz, das ist's, was wir uns von Gott erbitten sollen.

Johann Wolfgang von Goethe

Beten heißt nicht, sich selbst reden hören, beten heißt stille werden und stille sein und harren, bis der Betende Gott hört.

Sören Kierkegaard

Ohne Gebet gibt es kein Leben... Ohne Gebet ist nur Raserei und Entsetzen.

Wassilij Rosanow

Niemand hat je gebetet, ohne dabei etwas zu lernen.

Ralph Waldo Emerson

Niemand unter den Sterblichen ist so groß, daß er nicht in ein Gebet eingeschlossen werden könnte.

Bertolt Brecht

Vorwort

Um angemessen verstehen zu können, was Gebet eigentlich heißt, müssen wir in ihm diese Begegnung unserer Freiheit sehen, die auf den Ruf Gottes hin aus den Tiefen des Nichts und noch unentfalteter Möglichkeiten heraus aufblüht. Gebet ist wesentlich Vollzug der Freiheit, ein freies Ja, das aus dem Nichts hervorkommt und in der Liebe zur vollen Blüte gelangt. Gebet ist das Erblühen unserer innersten Freiheit als Antwort auf das Wort Gottes. Gebet bedeutet nicht nur Gespräch mit Gott: es ist die Vereinigung unserer Freiheit mit seiner unbegrenzten Freiheit, seinem unendlichen Geist. Im Gebet erhebt sich unsere begrenzte Freiheit auf die Stufe der unendlichen Freiheit des göttlichen Geistes und der göttlichen Liebe. Gebet ist Begegnung unserer Freiheit mit der allumfassenden, sich demütig herablassenden Liebe, die keine Grenze und kein Hindernis kennt. Gebet ist ein Eintauchen in dieses Reich unbegrenzter Freiheit. Gebet ist also alles andere als eine erniedrigende Handlung, obwohl es nicht selten aus unserer Erniedrigung entspringt.

Natürlich müssen wir der existentiellen Wirklichkeit unserer Erbärmlichkeit, Nichtigkeit und Verlorenheit ins Auge sehen, denn hier beginnt unser Gebet. Gerade aus diesem Nichts heraus sind wir zur Freiheit gerufen. Gerade aus dieser Dunkelheit heraus sind wir zum Licht gerufen. Deshalb müssen wir dies als unseren wahren Ausgangspunkt erkennen und annehmen, sonst ist unser Gebet nicht echt. Aber wir sind aus dem Nichts, aus der Dunkelheit, aus Entfremdung und Enttäuschung *heraus*gerufen in die Nähe zu Gott, in seine Gemeinschaft und in seine Freiheit. Das ist der eigentliche Sinn des Gebetes. Das Gebet ist also keinesfalls so zu verstehen, als würden wir uns dabei zu Boden werfen und in sklavischer Unterwürfigkeit Gott um Dinge bitten, die uns im Grunde schon gehören. Das ist das Bild, das Marx in seiner Sicht der Religion als Entfremdung entwirft. Aber Gebet ist nicht etwas, das uns in einem Dauerzustand der Sklaverei und Hilflosigkeit halten will. Wir werden uns zu Beginn des Gebetes unserer erbärmlichen Lage klar, um uns aus ihr und über sie zu erheben zur unbegrenzten Freiheit und zur unendlichen schöpferischen Liebe Gottes.

Das Gebet wird uns unfehlbar dahin führen, wenn wir daran glauben und seine wahren Dimensionen verstehen. Problematisch wird es, wenn wir in unserem eigenen Ich gefangen bleiben, unfähig, aus uns selbst herauszugehen, um so die Freiheit zu finden. Genau das geschieht aber, wenn wir uns die entfremdete Sicht zu eigen machen. Wenn wir fest im Sattel unseres Ich sitzen bleiben, wenn wir uns in uns selber festkrallen und dann versuchen, Gaben und Geschenke auf uns herabzuziehen, die wir im Sinne unserer eigenen, begrenzten und selbstsüchtigen Lebensentwürfe für uns vereinnahmen, dann allerdings bleibt das Gebet eine Sache von Sklaven. Die Sklaverei hat ihre Wurzeln in der Versklavung an das eigene Ich. Die Unterwürfigkeit besteht seltsamerweise gerade in dem Versuch, Gott zum Diener unserer eignen Bedürfnisse zu machen. Wir müssen versuchen, dem modernen Menschen etwas über die Tatsache zu sagen, daß echtes Gebet uns befähigt, uns aus unserer Sklaverei in die Freiheit Gottes zu erheben, weil es nicht mehr darauf aus ist, mit Gott auf abergläubische Weise Geschäfte zu machen.

Thomas Merton

Ich aber würde zu Gott mich wenden

Ich aber würde zu Gott mich wenden,
und meine Sache vor ihn bringen,
der große Dinge tut,
die nicht zu erforschen sind,
und Wunder, die nicht zu zählen sind;
der den Regen aufs Land gibt,
und läßt Wasser kommen auf die Gefilde;
der die Niedrigen erhöht,
und den Betrübten emporhilft.

Er macht zunichte die Anschläge der Listigen,
daß es ihre Hand nicht ausführen kann;
er fängt die Weisen in ihrer Listigkeit,
und stürzt der Verkehrten Rat,
daß sie des Tages in der Finsternis laufen,
und tappen am Mittag wie in der Nacht.
Er hilft den Armen von dem Schwert,
von ihrem Munde und von der Hand des Mächtigen;
und ist des Armen Hoffnung,
daß die Bosheit wird müssen ihren Mund zuhalten.

Siehe, selig ist der Mensch, den Gott straft;
darum weigere dich der Züchtigung des Allmächtigen nicht.
Denn er verletzt, und verbindet;
er zerschlägt, und seine Hand heilt.

Buch Hiob

Leiden und Herrlichkeit des Gerechten

Mein Gott, mein Gott,
warum hast du mich verlassen?
  Ich schreie, aber meine Hilfe ist ferne.
  Mein Gott, des Tages rufe ich,
doch antwortest du nicht,
und des Nachts,
doch finde ich keine Ruhe.
  Du aber bist heilig,
der du thronst über den Lobgesängen Israels.
  Unsere Väter hofften auf dich;
und da sie hofften, halfst du ihnen heraus.
  Zu dir schrien sie und wurden errettet,
sie hofften auf dich
und wurden nicht zuschanden.
  Ich aber bin ein Wurm und kein Mensch,
ein Spott der Leute und verachtet vom Volke.
  Alle die mich sehen, verspotten mich,
sperren das Maul auf
und schütteln den Kopf:
  »Er klage es dem Herrn, der helfe ihm heraus
und rette ihn, hat er Gefallen an ihm.«
  Du hast mich aus meiner Mutter Leibe gezogen;
du ließest mich geborgen sein
an der Brust meiner Mutter.
  Auf dich bin ich geworfen von Mutterleib an,
du bist mein Gott von meiner Mutter Schoß an.
  Sei nicht ferne von mir, denn Angst ist nahe;
denn es ist hier kein Helfer.

Gewaltige Stiere haben mich umgeben,
mächtige Büffel haben mich umringt.
Ihren Rachen sperren sie auf
wie ein brüllender und reißender Löwe.
Ich bin ausgeschüttet wie Wasser,
alle meine Knochen haben sich voneinander gelöst;
mein Herz ist in meinem Leibe
wie zerschmolzenes Wachs.
Meine Kräfte sind vertrocknet wie eine Scherbe,
und meine Zunge klebt mir am Gaumen,
und du legst mich in des Todes Staub.
Denn Hunde haben mich umgeben,
und der Bösen Rotte hat mich umringt;
sie haben meine Hände und Füße durchgraben.
Ich kann alle meine Knochen zählen;
sie aber schauen zu und sehen auf mich herab.
Sie teilen meine Kleider unter sich
und werfen das Los um mein Gewand.
Aber du, Herr, sei nicht ferne;
meine Stärke, eile mir zu helfen!
Errette meine Seele vom Schwert,
mein Leben von den Hunden!
Hilf mir aus dem Rachen des Löwen
und von den Hörnern wilder Stiere –
du hast mich erhört!
Ich will deinen Namen kundtun meinen Brüdern,
ich will dich in der Gemeinde rühmen:
Rühmet den Herrn, die ihr ihn fürchtet;
ehret ihn, ihr alle vom Hause Jakob,
und vor ihm scheuet euch,
ihr alle vom Hause Israel!

Denn er hat nicht verachtet noch verschmäht
das Elend des Armen und sein Antlitz
vor ihm nicht verborgen;
und als er zu ihm schrie, hörte er's.
Dich will ich preisen in der großen Gemeinde,
ich will mein Gelübde erfüllen vor denen,
die ihn fürchten.
Die Elenden sollen essen, daß sie satt werden;
und die nach dem Herrn fragen, werden ihn preisen;
euer Herz soll ewiglich leben.
Es werden gedenken
und sich zum Herrn bekehren aller Welt Enden
und vor ihm anbeten alle Geschlechter der Heiden.
Denn des Herrn ist das Reich,
und er herrscht unter den Heiden.
Ihn allein werden anbeten alle,
die in der Erde schlafen;
vor ihm werden die Knie beugen alle,
die zum Staube hinabfuhren
und ihr Leben nicht konnten erhalten.
Er wird Nachkommen haben, die ihm dienen;
vom Herrn wird man verkündigen Kind und Kindeskind.
Sie werden kommen und seine Gerechtigkeit predigen
dem Volk, das geboren wird.
Denn er hat's getan.

Psalm 22

Der gute Hirte

Der Herr ist mein Hirte,
mir wird an nichts mangeln.
Er weidet mich auf einer grünen Aue
und führet mich zum frischen Wasser.
Er erquicket meine Seele.
Er führet mich auf rechter Straße
um seines Namens willen.
Und ob ich schon wanderte im finstern Tal,
fürchte ich kein Unglück;
denn du bist bei mir,
dein Stecken und Stab trösten mich.
Du bereitest vor mir einen Tisch
im Angesicht meiner Feinde.
Du salbest mein Haupt mit Öl
und schenkest mir voll ein.
Gutes und Barmherzigkeit
werden mir folgen mein Leben lang,
und ich werde bleiben
im Hause des Herrn immerdar.

Psalm 23

Lob des Schöpfers

Lobe den Herrn, meine Seele!
Herr, mein Gott, du bist sehr herrlich;
  du bist schön und prächtig geschmückt.
Licht ist dein Kleid, das du anhast.
  Du breitest den Himmel aus wie einen Teppich;
  du baust deine Gemächer über den Wassern.
  Du fährst auf den Wolken wie auf einem Wagen
und kommst daher auf den Fittichen des Windes,
  der du machst Winde zu deinen Boten
und Feuerflammen zu deinen Dienern;
  der du das Erdreich gegründet hast auf festen Boden,
daß es bleibt immer und ewiglich.
  Mit Fluten decktest du es wie mit einem Kleide,
und die Wasser standen über den Bergen.
  Aber vor deinem Schelten flohen sie,
vor deinem Donner fuhren sie dahin.
  Die Berge stiegen hoch empor,
und die Täler senkten sich herunter zum Ort,
den du ihnen gegründet hast.
  Du hast eine Grenze gesetzt,
darüber kommen sie nicht
und dürfen nicht wieder das Erdreich bedecken.
  Du lässest Wasser in den Tälern quellen,
daß sie zwischen den Bergen dahinfließen,
  daß alle Tiere des Feldes trinken
und das Wild seinen Durst lösche.
  Darüber sitzen die Vögel des Himmels
und singen unter den Zweigen.

Du feuchtest die Berge von oben her,
du machst das Land voll Früchte,
die du schaffest.
Du lässest Gras wachsen für das Vieh
und Saat zu Nutz den Menschen,
daß du Brot aus der Erde hervorbringst,
daß der Wein erfreue des Menschen Herz
und sein Antlitz schön werde vom Öl
und das Brot des Menschen Herz stärke.
Die Bäume des Herrn stehen voll Saft,
die Zedern des Libanon, die er gepflanzt hat.
Dort nisten die Vögel,
und die Reiher wohnen in den Wipfeln.
Die hohen Berge geben dem Steinbock Zuflucht
und die Felsklüfte dem Klippdachs.
Du hast den Mond gemacht,
das Jahr danach zu teilen;
die Sonne weiß ihren Niedergang.
Du machst Finsternis, daß es Nacht wird;
da regen sich alle wilden Tiere,
die jungen Löwen, die da brüllen nach Raub
und ihre Speise suchen von Gott.
Wenn aber die Sonne aufgeht, heben sie sich davon
und legen sich in ihre Höhlen.
So geht dann der Mensch aus an seine Arbeit
und an sein Werk bis an den Abend.
Herr, wie sind deine Werke so groß und viel!
Du hast sie alle weise geordnet,
und die Erde ist voll deiner Güter.
Da ist das Meer, das so groß und weit ist,
da wimmelt's ohne Zahl, große und kleine Tiere.

Dort ziehen Schiffe dahin;
da sind große Fische,
die du gemacht hast,
damit zu spielen.
Es warten alle auf dich,
daß du ihnen Speise gebest zur rechten Zeit.
Wenn du ihnen gibst, so sammeln sie;
wenn du deine Hand auftust,
so werden sie mit Gutem gesättigt.
Verbirgst du dein Angesicht, so erschrecken sie;
nimmst du weg ihren Odem,
so vergehen sie und werden wieder Staub.
Du sendest aus deinen Odem,
so werden sie geschaffen,
und du machst neu die Gestalt der Erde.
Die Herrlichkeit des Herrn bleibe ewiglich,
der Herr freue sich seiner Werke!
Er schaut die Erde an, so bebt sie;
er rührt die Berge an, so rauchen sie.
Ich will dem Herrn singen mein Leben lang
und meinen Gott loben, solange ich bin.
Mein Reden möge ihm wohlgefallen.
Ich freue mich des Herrn.
Die Sünder sollen ein Ende nehmen auf Erden
und die Gottlosen nicht mehr sein.
Lobe den Herrn, meine Seele!
Halleluja!

Psalm 104

Gottes Lob im Himmel und auf Erden

Halleluja! Lobet im Himmel den Herrn,
lobet ihn in der Höhe!
  Lobet ihn, alle seine Engel,
lobet ihn, all sein Heer!
  Lobet ihn, Sonne und Mond,
lobet ihn, alle leuchtenden Sterne!
  Lobet ihn, ihr Himmel aller Himmel
und ihr Wasser über dem Himmel!
  Die sollen loben den Namen des Herrn;
denn er gebot, da wurden sie geschaffen.
  Er läßt sie bestehen für immer und ewig;
er gab eine Ordnung, die dürfen sie nicht überschreiten.
  Lobet den Herrn auf Erden,
ihr großen Fische und alle Tiefen des Meeres,
  Feuer, Hagel, Schnee und Nebel,
Sturmwinde, die sein Wort ausrichten,
  ihr Berge und alle Hügel,
fruchttragende Bäume und alle Zedern,
  ihr Tiere und alles Vieh,
Gewürm und Vögel,
  ihr Könige auf Erden und alle Völker,
Fürsten und alle Richter auf Erden,
  Jünglinge und Jungfrauen,
Alte mit den Jungen!
  Die sollen loben den Namen des Herrn;
denn sein Name allein ist hoch,
  seine Herrlichkeit reicht,
so weit Himmel und Erde ist.

Er erhöht die Macht seines Volkes.
Alle seine Heiligen sollen loben,
die Kinder Israel, das Volk, das ihm dient.
Halleluja!

Psalm 148

Alles hat seine Zeit

Alles hat seine Zeit, und alles Vorhaben unter dem Himmel hat seine Stunde.
Geboren werden hat seine Zeit, Sterben hat seine Zeit.
Pflanzen hat seine Zeit, Ausreißen hat seine Zeit.
Töten hat seine Zeit, Heilen hat seine Zeit. Abbrechen hat seine Zeit, Bauen hat seine Zeit.
Weinen hat seine Zeit, Lachen hat seine Zeit. Klagen hat seine Zeit, Tanzen hat seine Zeit.
Steine wegwerfen hat seine Zeit, Steine sammeln hat seine Zeit. Umarmen hat seine Zeit, Sichmeiden hat seine Zeit.
Suchen hat seine Zeit, Verlieren hat seine Zeit. Behalten hat seine Zeit, Wegwerfen hat seine Zeit.
Zerreißen hat seine Zeit, Nähen hat seine Zeit. Schweigen hat seine Zeit, Reden hat seine Zeit.
Lieben hat seine Zeit, Hassen hat seine Zeit. Der Krieg hat seine Zeit, und der Friede hat seine Zeit.
Man arbeite, wie man will, man hat keinen Gewinn davon.
Ich sah die Mühe, die Gott den Menschen gegeben hat, daß sie damit geplagt werden.
Er aber tut alles fein zu seiner Zeit, auch die Ewigkeit hat er ihnen ins Herz gelegt, der Mensch kann aber nicht fassen das Werk, das Gott tut, weder Anfang noch Ende.
Da merkte ich, daß es nichts Besseres gibt als fröhlich sein, und sich gütlich tun in seinem Leben.

Denn daß ein Mensch ißt und trinkt, und guten Mut hat bei all seiner Arbeit, das ist eine Gabe Gottes.
Ich merkte, daß alles, was Gott tut, immer bleibt; man kann nichts dazutun, noch wegtun; und Gott tut es, daß man sich vor ihm fürchte.
Was geschieht, das ist vorzeiten geschehen, und was geschehen wird, ist auch vorzeiten geschehen; und Gott holt wieder hervor, was vergangen ist.
Und noch anderes sah ich unter der Sonne: an der Stätte des Rechts war Unrecht, und an der Stätte der Gerechtigkeit war Frevel.
Da dachte ich in meinem Herzen: Gott muß richten den Gerechten und den Frevler; denn es hat alles Vorhaben seine Zeit und alle Werke.
Und ich sprach in meinem Herzen: Es geschieht wegen der Menschenkinder, auf daß Gott sie prüfe, und sie sehen, daß sie nicht mehr sind als das Tier.
Denn es geht dem Menschen wie dem Vieh; wie dieses stirbt, so stirbt er auch, und alle haben einen Odem; und der Mensch hat nicht mehr als das Vieh; denn es ist alles eitel.
Es fährt alles an einen Ort; es ist alles von Staub gemacht, und wird wieder zu Staub.
Wer weiß, ob der Odem der Menschen empor fahre, und der Odem des Viehs hinab unter die Erde?
So sah ich denn, daß es nichts Besseres gibt, als daß ein Mensch fröhlich sei bei seiner Arbeit; das ist sein Teil. Denn wer könnte ihn dahin bringen, daß er sehe, was nach ihm geschehen wird?

Salomo

Gesang der Seraphine

Heilig, heilig, heilig ist der Herr Zebaoth,
alle Lande sind seiner Ehre voll!

Jesaja

Vater unser

Vater unser im Himmel!
Geheiligt werde dein Name.
Dein Reich komme.
Dein Wille geschehe, wie im Himmel so auf Erden.
Unser tägliches Brot gib uns heute.
Und vergib uns unsere Schuld,
wie auch wir vergeben unsern Schuldigern.
Und führe uns nicht in Versuchung,
sondern erlöse uns von dem Bösen.

Jesus von Nazareth
überliefert von Matthäus

Sehet die Vögel unter dem Himmel

Sehet die Vögel unter dem Himmel an:
sie säen nicht, sie ernten nicht,
sie sammeln nicht in die Scheunen;
und euer himmlischer Vater ernährt sie doch.
Und warum sorget ihr für die Kleidung?
Sehet die Lilien auf dem Felde,
wie sie wachsen:
sie arbeiten nicht und spinnen nicht.

Darum sollt ihr nicht sorgen und sagen:
Was werden wir essen?
Was werden wir trinken?
Womit werden wir uns kleiden?
Nach solchem allem trachten die Heiden.
Euer himmlischer Vater weiß,
daß ihr das alles braucht.

Trachtet am ersten nach dem Reich Gottes
und nach seiner Gerechtigkeit;
dann wird euch alles andere dazugegeben.
Darum sorget nicht für den andern Morgen,
denn der morgige Tag wird für das Seine sorgen.
Es ist genug, daß ein jeglicher Tag
seine eigene Plage hat.

Jesus von Nazareth
überliefert von Matthäus

Frühchristlicher Hymnus

Ob er wohl in göttlicher Gestalt war,
nahm er's nicht als einen Raub,
Gott gleich zu sein,
sondern entäußerte sich selbst und nahm
Knechtsgestalt an,
ward gleich wie ein andrer Mensch
und an Gebärden als ein Mensch erfunden.
Er erniedrigte sich selbst
und ward gehorsam bis zum Tode,
ja zum Tode am Kreuz.
Darum hat ihn auch Gott erhöht
und hat ihm den Namen gegeben,
der über alle Namen ist,
daß in dem Namen Jesu
sich beugen sollen aller derer Kniee,
die im Himmel und auf Erden
und unter der Erde sind,
und alle Zungen bekennen sollen,
daß Jesus Christus der Herr sei,
zur Ehre Gottes, des Vaters.

Paulus an die Philipper

Wie sehr hast du uns geliebt

Wie sehr hast du uns geliebt,
gütiger Vater,
der du deinen einzigen Sohn nicht geschont,
sondern für uns Gottlose dahingegeben hast!
Wie sehr hast du uns geliebt,
daß um unsertwillen er dir gehorsam wurde
bis zum Tod am Kreuz.
Für uns ist er geworden Sieger und Siegespreis.
Indem er, dein Sohn, Knecht ward, machte er
uns aus Knechten zu deinen Söhnen.
Mit Recht ruht meine starke Hoffnung in ihm,
daß du all mein Siechtum heilen wirst durch ihn:
Sonst müßte ich verzweifeln!
Wäre dein Wort nicht Fleisch geworden und
hätte es nicht unter uns gewohnt,
dann hätten wir glauben müssen,
es gäbe keine Verbindung zwischen Gott und
der menschlichen Natur,
und wir wären verzweifelt!

Aurelius Augustinus

Spät hab' ich dich geliebt

Spät hab' ich dich geliebt,
o Schönheit,
immer alt und immer neu,
spät hab' ich dich geliebt!
Und sieh, du warst in mir;
ich aber suchte dich draußen
und warf mich an die schönen Dinge weg,
die doch nur deine Schöpfung sind.
Du warst bei mir;
doch ich war nicht bei dir;
die Schöpfung hielt mich fern von dir
und hätte doch außer dir keinen Bestand.
Du hast gerufen und geschrien,
meine Taubheit zu sprengen.
Du hast geblitzt und geleuchtet,
meine Blindheit zu verscheuchen.
Du hast deinen Duft verströmt;
ich habe ihn eingeatmet,
und nun sehne ich mich nach dir.
Ich habe dich verkostet;
nun hungere und dürste ich nach dir.
Du hast mich berührt,
und ich brenne vor Verlangen
nach deinem Frieden.

Aurelius Augustinus

Von nun an liebe ich dich allein

Herr, von nun an liebe ich dich allein,
folge dir allein,
suche dich allein,
will dir allein dienen.
Du allein hast das Recht zu befehlen,
und dir allein will ich unterworfen sein.
Befiehl, ich bitte dich,
fordere, was du willst.
Heile und öffne meine Augen,
damit ich die Zeichen deines Willens sehen kann;
nimm mir die Unbesonnenheit,
damit ich dich betrachten kann;
so werde ich hoffentlich treulich erfüllen,
was du mir befiehlst.

Nimm, ich bitte dich, mich Entflohenen auf,
o Herr und mildester Vater.
Genug des Vergangenen;
genug, daß ich bis jetzt Spielball trügerischer Eitelkeit war.
Nun, da ich diese Tyrannei fliehe,
nimm du mich als Diener an,
so wie jene mich aufnahm,
als ich von dir hinweg in ihre Willkür flüchtete.
Ich fühle das Verlangen, zu dir heimzukehren.
Sieh, ich klopfe an deine Tür.
Öffne mir!
Lehre mich, wie ich zu dir gelange.

Ich habe nichts als meinen Willen;
ich weiß nichts anderes,
als daß ich das Vergängliche und Hinfällige
verachten muß,
um das Unvergängliche
und Ewige zu suchen.

Aurelius Augustinus

Wir lieben dich,
o unser Gott

Wir lieben dich, o unser Gott,
und wir begehren dich zu lieben
mehr und mehr.
Gewähre uns, daß wir dich also lieben,
als wir es begehren
und als wir sollen.
O liebster Freund, der du uns so sehr geliebt
und gerettet hast,
du, an den zu denken süß ist
und immer süßer wird,
komm und nimm Wohnung in unsern Herzen.
Dann wirst du Wache halten über unsere Lippen,
unsere Tritte und unsere Taten,
und wir brauchen fürder nicht zu bangen
für unsere Seelen und unsere Leiber.
Ja, gib uns Liebe,
aller Gaben köstlichste, die keine Feinde kennt.
Gib uns ins Herz die reine Liebe,
geboren aus deiner Liebe zu uns,
auf daß wir andere lieben wie du uns.
O liebevollster Vater Jesu Christi,
aus dem alle Liebe fließt,
laß unsere Herzen, die gefroren in der Sünde,
kalt für dich und kalt für andere geworden,
erwärmen an deiner göttlichen Glut.
So hilf uns,
segne uns in deinem Sohne.
Amen

Anselm von Canterbury

Nach Weltlust suchend

Nach Weltlust bin ich lange Zeit suchend gegangen,
an der Dinge Vergänglichkeit hab ich gehangen.
Trügend lacht die Welt mich an, winkte ihr nach –
da folgte ich wie ein Kranker wohl manchen Tag.
Nun hilf mir, Herr Christ, vom Satan, der gewaltig ist,
daß er mich nicht berühre, da ich dein heiliges Zeichen
führe.

Hartmann von Aue

Vom Geheimnis Gottes

Allmächtiger Gott, du bist so groß und bist so weit.
Wer's zu begreifen sucht, vertut die Zeit;
denn ungemessen sind dir Macht und Ewigkeit.
Ich weiß es wohl, wer auch darüber denkt:
Es ist und wird uns stets unfaßbar sein.
Du bist so groß und wieder unermeßlich klein.
Wie töricht, wer sich Tag und Nacht darüber kränkt,
da doch kein Wort, kein Buch uns Wissen davon schenkt.

Walther von der Vogelweide

Herr, mache mich zum Werkzeug deines Friedens

Herr,
Mache mich zum Werkzeug Deines Friedens:
Daß ich Liebe bringe, wo man sich haßt,
Daß ich Versöhnung bringe, wo man sich kränkt,
Daß ich Einigkeit bringe, wo Zwietracht ist,
Daß ich den Glauben bringe, wo Zweifel quält,
Daß ich die Wahrheit bringe, wo Irrtum herrscht,
Daß ich die Hoffnung bringe, wo Verzweiflung droht,
Daß ich die Freude bringe, wo Traurigkeit ist.
Daß ich das Licht bringe, wo Finsternis waltet.

O Meister,
Hilf mir, daß ich nicht danach verlange:
Getröstet zu werden, sondern zu trösten,
Verstanden zu werden, sondern zu verstehen,
Geliebt zu werden, sondern zu lieben.

Denn:
Wer gibt, der empfängt,
Wer verzeiht, dem wird verziehen,
Wer stirbt, der wird zum ewigen Leben geboren.
Amen.

Franz von Assisi

Sonnengesang

Du höchster, mächtigster und gütger Herr, dir gilt das Lob, die Herrlichkeit, die Ehr' und jeder Segen.
All dies gebührt nur dir, du Allerhöchster, kein Mensch ist auch nur würdig, dich zu nennen.
Gelobt seist du, mein Herr, samt allen deinen Werken, doch in besonderm Maß durch Schwester Sonne; auf uns herab läßt du sie täglich scheinen.
Wie schön ist sie; sie strahlt mit großem Glanze. Vor dir, o Höchster, hat sie ihren Sinn.
Gelobt seist du, Herr, auch wegen Mond und Sternen, die glanzvoll, schön und kostbar du geschaffen.
Gelobt seist du, o Herr, durch Bruder Wind, durch Lüfte, Wolken und jedwedes Wetter, das die Geschöpfe deiner Hand erhält.
Gelobt seist du, mein Herr, durch Schwester Wasser, die nützlich-schlichte, köstliche und reine.
Auch Bruder Feuer lobe dich, o Herr, er leuchtet uns in nächtgem Dunkel; lustig ist er und schön; kräftig und kühn. Es lob' dich unsre Mutter Erde, Herr, die uns erhält und leitet. Sie schenkt uns viele Früchte, Kräuter, bunte Blumen.
Gelobt seist du, o Herr, durch all diejenigen, die dir zulieb' Verzeihung üben, die Kranke und Bedrängte pflegen; selig sind, die geduldig leiden, denn du wirst ihnen einst die Krone geben.
Gelobt seist du, mein Herr, durch unsren Bruder Tod, dem kein Lebendger kann entrinnen: Weh' denen, die in Todessünden sterben, doch selig, die sich deinem

heiligen Willen fügen: Leicht ist ihr Tod und ohne jeden Schmerz.
Lobet und preiset meinen Herrn, und danket und dienet ihm in Demut ohne Zagen.

Franz von Assisi

Mein Ursprung und mein Ziel

Ewiger und allmächtiger Gott, Gottes eingeborener Sohn: Du hast von uns und für uns Fleisch und Blut angenommen. Im Vater bist du, und der Vater ist in dir. Du unwandelbarer Gott bist in uns. Laß uns auch in dir bleiben durch die absolute Reinheit deines Lebens und deiner Seele. Laß uns in dich einverleibt werden durch deinen heiligen Leib. Dann wird die Einheit mit dir unser Heil und unser Anteil an dir unsere Freude.

Mein Gott und Herr, du bist mein Ursprung und auch mein Ziel. Du bist voller Einfachheit, voller Ruhe und Liebe. Ohne Ende ist deine Güte und Herrlichkeit. Herrliches Licht bist du und die höchste Freude meines Herzens. Freude bist du, endlos wie der Ozean, die Fülle von allem Guten. Was sollte mir fehlen, wenn du mein eigen bist?

Nichts anderes als dich soll ich daher suchen, der du mein einziges und unvergängliches Gut bist. So wünsche und suche ich nichts anderes als dich. Ziehe mich, Herr, zu dir. Wenn ich anklopfe, dann tu mir auf. Nimm mich hinein in die Unermeßlichkeit deiner Gottheit. Eine mich mit deinem Geist, damit deine Freude in mir wohnen kann.

Albertus Magnus

Gib mir, o Herr, ein festes Herz

Gewähre mir, ich bitte dich,
Allmächtiger und Allerbarmer Gott,
die Gnade, glühend zu ersehnen,
weise zu erforschen
und vollkommen zu erfüllen,
was immer wohlgefällig ist vor dir.

Lenke meinen Weg in der Weise
zum Ruhme deines Namens.
Und gewähre mir für alles,
was du von mir verlangst,
die rechte Einsicht,
Willen und Vermögen,
daß ich es so vollbringe,
wie ich soll,
und laß meinen Weg zu dir,
ich bitte dich,
sicher, gerade und vollkommen sein
bis zum Ende.
Gib mir, o Herr,
ein festes Herz,
das keine unwürdige Leidenschaft niederzieht;
gib mir ein unüberwindliches Herz,
das keine Trübsal niederbeugt;
gib mir ein aufrechtes Herz,
das kein niedriges Streben auf Abwege bringen
kann.

Erfülle mich auch,
o Herr, mein Gott,
mit Verstand, dich zu erkennen,
mit Eifer, dich zu suchen,
mit Weisheit, dich zu finden,
mit einer Treue,
daß ich am Ende dich umarmen darf.
Amen.

Thomas von Aquin

Ein dauernder Akt der Liebe

Laß, o guter Jesus,
meine Seele zu jeder Stunde
den Flug zu dir nehmen,
so daß mein ganzes Leben nichts sei
als ein dauernder Akt der Liebe.
Laß mich verstehen, daß ein Werk,
das nicht zu deiner Ehre gereicht,
ein totes Werk ist.
Laß meine Frömmigkeit
nicht zur Gewohnheit werden,
sondern ein dauernder Aufschwung
des Herzens sein.

Jesus, erhabenste Güte,
mein Jesus, ich bitte dich um ein Herz,
das dich so sehr liebt,
daß nichts es abzulenken vermag.
Laß mich gleichgültig sein gegen alles,
was in der Welt geschieht,
und einzig nach dir verlangen;
laß mich das lieben, was dich angeht,
vor allem aber dich lieben,
mein Gott!
Und laß meinen Geist danach brennen,
dich zu suchen und dich zu finden,
höchste Weisheit!

Thomas von Aquin

Dein Lob
will ich sprechen

Herr, tue an mir, deiner armen Kreatur,
was immer zu deinem Lob gereicht;
denn es gehe, wie es wolle,
dein Lob will ich sprechen,
solange ein Atemhauch in meinem Munde ist.
Und wenn mir die Sprache verfiele,
so begehre ich,
daß ein Aufheben meines Fingers eine Bestätigung
und eine Beschließung sei all des Lobes,
das ich dir je sprach.
Und wenn mein Leib einst zu Staub geworden ist,
so begehre ich,
daß von einem jeden Stäubchen ein grundloses Lob
aufdringe
durch den harten Grabstein,
durch alle Himmel hin
vor dein göttliches Antlitz
bis an den Jüngsten Tag,
an dem sich Leib und Seele wieder vereinigen
in deinem Lobe.
Amen!

Heinrich Seuse

Mein wahrhafter Freund

Nicht nur weil ich in meiner Not
so sehr deiner Hilfe bedarf,
komme ich zu dir, o guter Jesus,
sondern auch weil die Liebe mich drängt,
die innige Sehnsucht nach dir,
meinem einzigen Herrn und Heiland
und wahren Freunde. Deine zuvorkommende
Gnade und Liebe ist es,
die mein Herz zu gläubiger, hoffender Liebe regt.
Ich habe nun nicht mehr Angst
und muß nicht fliehen vor dir
wie vor dem schrecklichen Richter:
Ich darf dir entgegengehen
und dich umfangen
als meinen wahrhaften Freund
und darf Vertrauen haben zu dir
als meinem gütigen Vater.
Deine Güte ist ja so groß,
deine Freigebigkeit so reich,
deine Nähe so süß,
all dein Wesen so mild
und deine Liebe so beglückend
– du bist ganz Gnade und Trost,
ganz Liebe.

O gütiger Gott,
wenngleich die Himmel
deine Größe nicht fassen
und ich ein so armes Würmlein der Erde bin,
unwert auch deiner geringsten Guttat,
so können doch alle deine Gaben
mein Herz nicht stillen
und meiner Sehnsucht nicht Schweigen gebieten
– du nur allein.
O gib dich mir!

Johannes Tauler

Du allein
weißt meinen Jammer

Anrufen will ich,
den ich beleidigt habe,
und mich nicht fürchten,
zurückrufen will ich,
den ich verworfen habe,
und nicht erröten.
Verlorene Hoffnung will ich zurückgewinnen
und wagen will ich es wieder,
den Blick zu erheben aus der Tiefe.
Denn droben wohnt mein Erlöser,
der Macht hat,
mich zu erretten vom ewigen Fluche.
Nicht verloren bin ich:
in ihm ist mir Leben geblieben
und Heil für die Ewigkeit.
Er wehrt dem Tode,
er schenket Leben
und schafft es neu.
Er läßt mich Besserung hoffen.
Fort, fliehe, was mich erschreckt!
Meine Sünde ist groß,
aber des Herrn Erbarmen ist größer.
Herr, führe mich heim auf deinem Wege,
bevor es dunkelt:
denn es will Abend werden!

Denke daran, o Herr,
dich zu erbarmen meiner Seele.
Komm mir zu Hilfe,
du allein weißt meinen Jammer.

Francesco Petrarca

Glaube

Du bist jenes Licht über allem Licht, durch das du dem Auge des Verstandes übernatürliches Licht in solcher Fülle und Vollkommenheit schenkst, daß du das Licht des Glaubens verklärst.

Im Glauben hat meine Seele Leben, und in ihm empfange und erkenne ich dich.

Im Lichte des Glaubens erwerbe ich die Weisheit in der Weisheit des Wortes.

Im Lichte des Glaubens bin ich stark, beständig und ausdauernd.

Laß dieses Licht nicht abnehmen auf meinem Wege.

Es zeigt mir den Weg, ohne es ginge ich in Finsternis.

Darum bitte ich dich, o Herr, erleuchte mich mit dem Lichte des heiligsten Glaubens.

Katharina von Siena

Hoffnung

Hoffnung, du sanfte Schwester des Glaubens, du bist es, die uns das ewige Leben erschließt.

Du behütest die Seele vor feindlicher Verwirrung; und will der Teufel ob der Schwere unserer begangenen Schuld die Seele in Verzweiflung stürzen, so hemmst du nicht deinen Schritt, sondern beharrst in männlicher Kraft und legst das Blut Christi auf die Waage.

Du setzest der Beharrlichkeit den Siegeskranz auf, den du durch Christi Blut zu erlangen gehofft hast.

Katharina von Siena

Liebe

Du bist aus der erhabenen Höhe deiner Gottheit herabgestiegen in die Niedrigkeit unserer Menschheit; denn mit meinem geringen Verstande konnte ich deine Höhe weder begreifen noch überhaupt anschauen.

Auf daß ich in meiner Kleinheit deine Größe sehen könne, hast du dich zum Kinde gemacht, hast die Größe deiner Gottheit in die Kleinheit unserer Menschlichkeit eingeschlossen.

Und so hast du dich uns im Worte des eingeborenen Sohnes kundgetan, so habe ich dich erkannt, Abgrund der Liebe!

O unschätzbare Liebe, was soll meine Seele dir antworten?

Ich rufe zu dir, ewiger Vater, ich flehe dich an, gütiger Gott, du mögest uns und alle deine Diener mit dem Feuer deiner Liebe entflammen.

Katharina von Siena

Gib uns einen starken Geist

O du allergnädigster Herr Jesus Christus!
Ziehe uns Schwache zu dir;
denn wo du uns nicht ziehen wirst,
so können wir nicht folgen.
Gib uns einen starken Geist,
der da willig sei,
obgleich das Fleisch schwach ist,
daß es doch durch deine Hilfe folge.
Denn ohne dich vermögen wir nichts zu tun,
am allerwenigsten um deinetwillen
in den Tod zu gehen.
Gib uns einen willigen Geist,
ein unerschrockenes Herz
im rechten Glauben,
eine feste Hoffnung,
daß wir um deinetwillen
auf das geduldigste und mit Freuden
von uns legen unser Leben.
Amen.

Jan Hus

Auf Erden ist alles Eitelkeit

Mein Gott, hier auf Erden ist alles Eitelkeit. Was könnte ich hienieden suchen und ersehnen, da nichts rein ist? Alles hier ist eitel, unsicher, trügerisch, außer dich lieben, o Herr, und immer Gutes tun. Doch ich kann dich nicht vollkommen lieben, ohne mich selbst und die Welt zu verachten.

Meine Seele, es sei dir nicht schwer, dich von Freunden und Bekannten zu trennen; sie behindern oft die göttliche Tröstung. Wo sind die Gefährten, mit denen du scherztest und lachtest? Ich weiß es nicht: sie sind fortgegangen, haben mich verlassen. Und der, mit dem du gestern umgingst? Verschwunden. Alles ist vorbei. Weise ist also, o Herr, wer dir allein dient und das geringere Leben mit all seinen Lockungen verachtet.

Bewahre mich, mein Gott, vor der Sucht nach weltlichen Freuden. Ich beschwöre dich, befreie mein Herz von jeder Anhänglichkeit an die Eitelkeiten der Erde. Reiße mich empor ans Kreuz, auf daß ich dir folge, wohin immer du vorangehst. Arm und bloß, fremd und unbekannt in der Welt, so will ich gerne bei dir sein.

Thomas a Kempis

Der Friede ist dem Nächsten

Herr, wie weit bin ich noch von der wahren Liebe und Demut entfernt! Du lehrst mich, daß es nichts Großes ist, mit guten und freundlichen Menschen umzugehen; das ist von Natur aus angenehm; ein jeder hat gerne Frieden und hat diejenigen am liebsten, die so denken wie er. Hingegen ist es eine große Gnade, ein männliches Tun und überaus rühmlich, mit eigensinnigen, verkehrten, zuchtlosen oder uns feindlichen Menschen in Frieden zu leben.

Gewähre mir, Herr, ich bitte dich, diese Gnade, ohne die ich nicht lange den Frieden mit dem Nächsten werde bewahren können; denn ich bin stets zum Zorne und zur Entrüstung geneigt. Wieviel nötiger hätte ich es, mich selbst zu bessern, als mich über die Fehler anderer zu entrüsten. Wie bereitwillig müßte ich die Mängel anderer ertragen, da ich selbst ertragen werden will.

Thomas a Kempis

Glauben und Liebe

Christus, einziger Meister, du hast uns gesagt, der Glaube sei einem jeden notwendig, der zur Quelle des Lebens gelangen wolle, und nach dem Maß des Glaubens richte sich die Kraft der Gnade.
Nur zwei Dinge hast du uns gelehrt, Erlöser: Glauben und Liebe . . .

Ich danke dir, Jesus, daß ich durch dein Licht bis dahin gelangt bin. Gibt es eine kürzere und wirksamere Lehre als diese, guter Herr?
Du willst nur Glauben und forderst nur Liebe.
Was ist leichter als Gott glauben? Was ist süßer als ihn lieben?

Nikolaus von Kues

Nimm alles von mir, was mich hindert zu dir

Mein Herr und mein Gott,
nimm alles von mir,
was mich hindert zu dir!
Mein Herr und mein Gott,
gib alles mir,
was mich fördert zu dir!
Mein Herr und mein Gott,
nimm mich mir
und gib mich ganz zu eigen dir!

Niklaus von der Flüe

Du weißt, was meinem Tun gebricht

Du allgewaltiger Gott,
du weißt, was meinem Tun allein gebricht,
was meines Sehnens Not.
Nicht Gold erbitt ich und kein Zepter,
wie der vor Habgier Blinde,
noch Stadt, noch Burg, noch schimmerndes Gestade,
nur dies: wo ich dich finde,
schlag in mein Herz die Wunde deiner Gnade.

Girolamo Savonarola

Die dunkle Nacht der Sünde

Der du die wahre Sonne bist der Welt, die da immer aufgeht und niemals unter; der du durch dein tröstlich Kommen und Erscheinen alle Dinge belebst und mit Freude erfüllst, die im Himmel und auf Erden: wir bitten dich, scheine barmherzig und huldvoll in unsere Herzen, auf daß wir, wenn die dunkle Nacht der Sünde und der Nebel des Irrtums verscheucht sind und du allein hell in unsern Herzen leuchtest, all unser Leben lang ohne Straucheln und Vergehen wandeln mögen, wie am lichten Tag, rein und unbefleckt von den Werken der Finsternis, überfließend in den guten Werken, die du unserem Wandel gesetzt hast. Amen.

Erasmus von Rotterdam

Schenke mir Sinn für Humor

Schenke mir eine gute Verdauung, Herr,
und auch etwas zum Verdauen.
Schenke mir Gesundheit des Leibes
mit dem nötigen Sinn dafür,
ihn möglichst gut zu erhalten.

Schenke mir eine heilige Seele, Herr,
die das im Auge behält,
was gut ist und rein,
damit sie im Anblick der Sünde nicht erschrecke,
sondern das Mittel findet,
die Dinge wieder in Ordnung zu bringen.

Schenke mir eine Seele,
der die Langeweile fremd ist,
die kein Murren kennt und kein Seufzen und Klagen,
und laß nicht zu,
daß ich mir allzuviel Sorge mache
um dieses sich breit machende Etwas,
das sich »Ich« nennt.

Herr, schenke mir Sinn für Humor,
gib mir die Gnade, einen Scherz zu verstehen,
damit ich ein wenig Glück kenne im Leben
und anderen davon mitteile.

Thomas Morus

Der Lockruf
des menschlichen Wahnes

Ach Gott, vom Himmel erbarme dich unser! Oh Herr Jesus Christ, bitt für dein Volk, erlöse uns zur rechten Zeit, behalt uns den rechten, wahren christlichen Glauben, versammle deine weiten, zertrennten Schafe durch deine Stimme, in der Schrift dein göttlich Wort genannt; hilf uns, daß wir diese deine Stimme kennen und keinem anderen Lockruf des menschlichen Wahnes nachfolgen, auf daß wir, Herr Jesu Christe, nicht von dir weichen.

Albrecht Dürer

Glaube
Gabe aller Gaben

Nichts ist so niedrig, nichts ist so kläglich auf Erden, als ich mich fühle ohne dich. Wie hoch doch geht mein Streben, wie schwach doch ist die Kraft, die um Erbarmen bitten muß! Jene Kette reiche mir, o Herr, die jede Himmelsgabe an sich bindet: den Glauben, sage ich, zu dem hin es mich drängt und spornt, den ganz und voll zu hegen eigne Schuld mir wehrt. Diese Gabe aller Gaben, so groß als selten scheint sie mir, um so größer, als ohne sie kein Friede und Genügen in der Welt. Der du mit deinem Blute nicht gegeizt, was nützt uns Geberhuld, wenn zum Himmel jener andere Schlüssel uns fehlt, der Glaube!

Michelangelo Buonarroti

Laß mich Licht sein

Jesus, liebster Herr Jesus!
Ich bitt', daß du mich annimmst zum Docht auf der
Lampe, zu der du das Öl gibst.
Zünd dein Licht an und laß mich sein
wie ein heilig Feuer am Rande der Finsternis,
damit die im Dunkeln wissen,
wo du zu finden bist.
Aus dir kommt, was gut in mir ist,
aus mir das Schwache und Geringe.
Erbarm dich meiner, Herr!

Mathias Grünewald

Aus tiefer Not schrei ich zu dir

Aus tiefer Not schrei ich zu dir,
Herr Gott, erhör mein Rufen;
dein gnädig Ohren kehr zu mir
und meiner Bitt sie öffne,
denn so du willst das sehen an,
was Sünd und Unrecht ist getan,
wer kann, Herr, vor dir bleiben?

Bei dir gilt nichts denn Gnad und Gunst,
die Sünde zu vergeben,
es ist doch unser Tun umsonst,
auch in dem besten Leben.
Vor dir niemand sich rühmen kann,
des muß dich fürchten jedermann
und deiner Gnade leben.

Martin Luther

In einem freien richtigen Glauben

Ich glaube an Gott Vater, allmächtigen Schöpfer Himmels und der Erden ... Ich setz mein Trauen auf keinen Menschen auf Erden, auch nicht auf mich selbst, auch nicht auf meine Gewalt, Kunst, Gut, Frommheit oder was ich haben mag. Ich setze mein Trauen auf keine Kreatur, sei sie im Himmel oder auf Erden. Ich wage und setze mein Trauen allein auf den bloßen unsichtbaren, unbegreiflichen, einigen Gott, der Himmel und Erde erschaffen hat und allein über alle Kreaturen ist ... Ich glaub nichtsdestoweniger an Gott, ob ich von allen Menschen verlassen und verfolgt wäre. Ich glaub nichtsdestoweniger, ob ich arm, unverständig, ungelehrt und verachtet bin oder alles Dinges ermangle. Ich glaube nichtsdestoweniger, ob ich Sünder bin. Denn dieser mein Glaube soll und muß schweben über alles, was da ist und nicht ist, über Sünd und Tugend und über alles, auf daß er an Gott lauter und rein sich halte, wie mich das erste Gebot dringt. Ich trau beständiglich auf ihn, wie lang er verzieht, und setze ihm kein Ziel, Zeit, Maß oder Weise, sondern stelle es alles seinem göttlichen Willen anheim in einem freien, richtigen Glauben ...

Martin Luther

Im Vertrauen auf deine Gnade

Gib mir, Herr, nicht Gold und Silber, sondern einen starken, festen Glauben. Ich suche nicht Lust oder Freude der Welt, sondern Trost und Erquickung durch dein heiliges Wort. Nichts begehre ich, das die Welt groß achtet, denn ich bin dessen vor dir nicht um ein Haar breit gebessert; sondern deinen heiligen Geist gib mir, der mein Herz erleuchte, mich in meiner Angst und Not stärke und tröste, im rechten Glauben und Vertrauen auf deine Gnade erhalte mich bis an mein Ende. Amen.

Martin Luther

Seele Christi, heilige mich

Seele Christi, heilige mich.
Leib Christi, erlöse mich.

Blut Christi, tränke mich.
Wasser der Seite Christi, wasche mich.

Leiden Christi, stärke mich.
O guter Jesus, erhöre mich.

Verbirg in deine Wunden mich.
Von dir laß nimmer scheiden mich.

Vor dem bösen Feind beschütze mich.
In meiner Todesstunde rufe mich.

Und heiße zu dir kommen mich,
mit deinen Heiligen, zu loben dich,
in deinem Reiche ewiglich.

Ignatius von Loyola

Hingabe
ohne Wenn und Aber

Nimm hin, o Herr, meine ganze Freiheit.
Nimm hin mein Gedächtnis, meinen Verstand,
meinen ganzen Willen.

Was ich habe und besitze, hast du mir gegeben.
Ich stelle es dir wieder ganz und gar zurück
und übergebe alles dir, daß du es lenkst nach
nach deinem Willen.

Nur deine Liebe schenke mir mit deiner Gnade,
und ich bin reich genug und suche nicht weiter.

Ignatius von Loyola

Lehre mich die wahre Großmut

Ewiges Wort, eingeborener Sohn Gottes,
lehre mich die wahre Großmut.
Lehre mich dir dienen, wie du es verdienst,
geben, ohne zu zählen,
kämpfen, ohne meiner Wunden zu achten,
arbeiten, ohne Ruhe zu suchen,
mich einsetzen, ohn einen anderen Lohn zu
erwarten als das Bewußtsein, deinen heiligen
Willen erfüllt zu haben.

Ignatius von Loyola

Nur die Liebe gibt den Werken Wert

Wie könnte ich eine deiner würdige Liebe haben, mein Gott, wenn du sie nicht durch jene stärkst, die du selbst zu mir hegst?... Nur die Liebe gibt den Werken Wert, und das einzig Nötige ist, daß die Liebe so stark sei, daß nichts sie zu ersticken vermag. Aber ach, ich habe nichts als Worte und bin nicht fähig, etwas anderes hervorzubringen als Worte. Laß, Herr, wenigstens mein Verlangen vor deiner göttlichen Majestät gelten, und sieh nicht auf mein geringes Verdienst. Vermöchten wir doch alle dich zu lieben, Herr! Wenn wir schon leben, so wollen wir ganz für dich leben und all unsere eigenen Sorgen und Interessen vergessen. Was gibt es Größeres, als dir zu gefallen?... Herr, ich verlange, dich zufriedenzustellen! Kein Geschöpf – dies weiß ich wohl – kann mich zufriedenstellen. Du wirst also mein Verlangen nicht tadeln! Hier bin ich, Herr! Wenn es nötig ist, daß ich leide, um dir in irgend etwas zu dienen, so weise ich keines der Kreuze zurück, die mich auf Erden erwarten können ... Was aber werde ich tun, du mein Genügen und mein Gott, um dir genügen zu können?

Teresa von Avila

Nächstenliebe

Herr, das sicherste Zeichen, um zu erkennen, ob ich dich wahrhaft liebe, ist die Prüfung, wie gut ich das Gebot der Nächstenliebe beobachte. Da dies höchst bedeutsam ist, muß ich mich also bis ins kleinste prüfen, ohne auf gewisse Gedanken zu achten, die mir manchmal während des innerlichen Gebetes gar reichlich kommen, als sei ich bereit, aus Nächstenliebe große Dinge zu unternehmen und zu leisten, um auch nur eine einzige Seele zu retten. Entsprechen meine Werke dem nicht, so habe ich kein Recht, dies ernstlich von mir zu glauben. Auch darf ich nicht meinen, zur Vereinigung mit dir gelangt zu sein und dich sehr zu lieben, wenn ich während des Gebetes Andacht und geistliche Wonnen empfinde. Um was ich bitte, ist dies, mir die Nächstenliebe in ihrer Vollkommenheit zu gewähren, dann überlasse ich alles dir. Strenge ich mich meinerseits nach Möglichkeit an, sie zu erringen, zwinge ich meinen Willen, den andern in allem nachzugeben, auch zum eigenen Nachteil, vergesse ich trotz der widerstrebenden Natur meine Interessen, um nur auf die ihren zu achten, und nehme ich bei gegebener Gelegenheit jede Mühe auf mich, um sie den andern zu ersparen, so wirst du mir sicher mehr gewähren, als ich zu ersehnen weiß.

Teresa von Avila

Herr, mache mit mir was du willst

Möge ich nimmer, o Gott, nimmer mein Vertrauen auf etwas setzen, was ich durch mich selber wollen kann. Wolle du von mir, was du wünschest, das ich will, und ich werde es wollen, denn mein ganzes Glück besteht darin, dir zu genügen. Laß deine Weisheit über mich herrschen, auf daß meine Seele dir diene nach deinem Willen und nicht nach ihrer Wahl. Bestrafe mich nicht durch Gewährung dessen, was ich will oder wünsche, wenn es deiner Liebe entgegen wäre. Möge dieses Selbst in mir sterben und ein anderes in mir lebendig werden, das mehr ist als ich und besser gesinnt gegen mich als ich. Es soll leben, es soll mir das Leben geben, es soll herrschen, ich will gefangen sein, denn meine Seele will keine andere Freiheit. Wie kann der frei sein, der dem Höchsten nicht unterworfen ist? Keine größere und kläglichere Gefangenschaft gibt es als die Freiheit einer Seele, die sich von ihres Schöpfers Hand losgemacht hat. Glücklich, wer gefangen ist in den starken Ketten der Wohltaten von Gottes Barmherzigkeit! Verlaß mich nicht, o Herr, denn auf dich hoffe ich, laß meine Hoffnung nicht zuschanden werden, laß mich immer, dir dienen und mache mit mir, was du willst.

Teresa von Avila

Herr, gib mir Gelassenheit

Herr, gib mir die Gelassenheit,
Dinge hinzunehmen, die ich nicht ändern kann,
den Mut, Dinge zu ändern, die ich ändern kann
und die Weisheit,
das eine vom anderen zu unterscheiden.

Wilhelm von Oranien

Erleuchte die Finsternis meiner Seele

O gebenedeiter Glaube, du bist sicher, doch du bist dunkel. Du bist dunkel, da du zum Glauben an Wahrheiten führst, die Gott selbst geoffenbart hat und die alles natürliche Licht überragen. Dein überhelles Licht – Licht der göttlichen Wahrheit – wird für mich zu dunkler Finsternis; denn das Größere überwindet das Geringere, so wie das strahlende Sonnenlicht jedes andere Licht schwinden läßt und auch meine Sehkraft besiegt.

Du bist dunkle Nacht für die Seele und erleuchtest sie gleich der Nacht, ähnlich jener dunklen Wolke, die nachts den Weg der Kinder Israels erhellte. Ja bist du auch eine dunkle Wolke, so erleuchtest du doch mit deiner Finsternis die Finsternis meiner Seele. So kann also auch ich sagen: die Nacht wird mein Licht und meine Wonne sein. Auf dem Wege der reinen Beschauung und Vereinigung mit Gott wird deine Nacht, o Glaube, mein Führer sein.

Johannes vom Kreuz

Dank dir, Schöpfer und Herr

Du, der du durch das Licht der Natur in uns entzündet hast die Sehnsucht nach dem Licht deiner Gnade, um uns emporzuheben zu dem Licht deiner Herrlichkeit, Dank dir, Schöpfer und Herr, daß du Freude mir gewährtest an deinen Werken!
Siehe, ich habe das Werk meines Lebens vollbracht mit dem Geistesvermögen, das du mir geschenkt hast. Ich habe der Menschheit die Glorie deiner Werke verkündet, so weit, als mein Verstand deren unmenschliche Majestät zu begreifen fähig war.
Lobe Gott, o meine Seele, solange ich lebe!

Johannes Kepler

Alles, was Atem hat, lobt dich in deiner Kraft

O Gott, du überglänzendes, ewigscheinendes Licht, du hast der äußern Welt das Licht von dem Hauch deiner Macht durch die Strahlen deines Lichtes gegeben, und herrschst mit Sonne und Monde in allen deinen Werken in dieser Welt Wesen; du gebärst alles zeitliche Leben durch diese Lichter.

Alles, was Atem hat, wirkt und lebt in diesen Lichtern, und lobt dich in deiner Kraft; alle Sterne nehmen Licht und Schein von deinem ausgegossenen Glanze.

Du zierst die Erde mit schönen Kräutern und Blumen durch dieses Licht, und erfreust darinnen alles, was lebt und wächst, und zeigst uns Menschen darinnen deine Herrlichkeit, daß wir erkennen deine Kraft, die inwendig verborgen ist, und daran sehen, wie du dein ewiges Wort und Wirkung sichtbar gemacht hast; auf daß wir dadurch sollen betrachten dein inwendiges, geistliches Reich, da du im Verborgenen wohnst und alle deine Geschöpfe erfüllst, und alles in allem selber wirkst und tust.

Jakob Böhme

Lob Gottes

Jetzt wickelt sich der Himmel auf,
Jetzt bewegen sich die Räder,
Der Frühling rüstet sich zum Lauf,
Umgürt' mit Rosenfeder.
O wie so schön, wie frisch und kraus
Wie glänzend Elementen!
Nit mögen's gnugsam streichen aus
Noch Redner, noch Skribenten.
O Gott, ich sing von Herzen mein:
Gelobet muß der Schöpfer sein!

O reines Jahr, o schöner Tag,
O spiegelklare Zeiten!
Zur Sommerlust nach Winterklag
Der Frühling uns wird leiten.
Musik hör in der Luft ich schon,
Wie sich's mit Ernst bereite,
Daß uns empfang mit süßem Ton
Und lieblich hin begleite.
O Gott, ich sing von Herzen mein:
Gelobet muß der Schöpfer sein!

Für uns die schöne Nachtigall
Den Sommer laut begrüßet,
Ihr Stimmlein über Berg und Tal
Die ganze Luft versüßet.
Die Vöglein zart in großer Meng
Busch, Heck und Feld durchstreifen,

Die Nester sind ihn' schon zu eng,
Die Luft klingt voller Pfeifen.
O Gott, ich sing von Herzen mein:
Gelobet muß der Schöpfer sein!

Wer legt nun ihn' den Ton in Mund,
Dann laut und dann so leise?
Wer zirkelt ihn' so rein und rund,
So mannigfaltig Weise?
Wer messet ihn' den Atem zu,
Daß mögen sie vollführen
Den ganzen Tag fast ohne Ruh
So freudig Turelüren?
O Gott, ich sing von Herzen mein:
Gelobet muß der Schöpfer sein!

Jetzt öffnet sich der Erdenschoß,
Die Brünnlein fröhlich springen;
Jetzt Laub und Gras sich geben bloß,
Die Pflänzlein anher dringen.
Wer wird die Kräuter mannigfalt
In Zahl und Ziffer zwingen,
Welch uns der Sommer mit Gewalt
Ans Licht wird stündlich bringen?
O Gott, ich sing von Herzen mein:
Gelobet muß der Schöpfer sein!

Wer mag nun je geboren sein
So reich von scharfen Sinnen,
Der auch das gringste Pflänzelein
Zu schaffen dürft beginnen?

Die Wahrheit sag ich rund und glatt:
Dem würd all Sinn zerrinnen,
Wer nur auch dächt ein einzig Blatt
Aus Menschenkunst erspinnen.
O Gott, ich sing von Herzen mein:
Gelobet muß der Schöpfer sein!

Wo nur das Aug man wendet hin,
Mit Lüsten wird's ergötzet,
Ergötzet wird fast jeder Sinn,
Und alles Wunder schätzet.
Ohn Maß ist alle Welt geschmückt,
Welch Künstler möcht's erdenken?
Wer's recht bedenkt, wird gar verzückt,
Das Haupt tut niedersenken.
O Gott, ich sing von Herzen mein:
Gelobet muß der Schöpfer sein!

Drum lobet ihn, ihr Menschenkind'
Bei nun so schönen Zeiten,
All Traurigkeit nur schütt in Wind,
Spannt auf die besten Saiten!
Auf Harf und Lauten tastet frei,
Schneid an die süßen Geigen,
Mit reiner Stimm und Orgelschrei
Tut ihm all Ehr erzeigen!
O Gott, ich sing von Herzen mein:
Gelobet muß der Schöpfer sein!

Friedrich von Spee

Vergib dieses törichte Gebet

Herr, mein Gott, wenn ich gleich ein armes und elendes Geschöpf bin, so stehe ich doch durch die Gnade in deinem Bunde. Und ich darf, ich will zu dir kommen, für dein Volk. Du hast mich, obgleich ich so unwürdig bin, zum schwachen Werkzeug gemacht, ihm Gutes zu tun und dir zu dienen; und viele haben mich überschätzt, wogegen andere wieder meinen Tod wünschen und sich darüber freuen; Herr, wie du auch immer es mit mir machen willst, fahre fort, sie zu segnen. Schenke ihnen Festigkeit im Urteil, Einmütigkeit und gegenseitige Liebe; fahre fort mit ihrer Befreiung und mit dem Werke der Reformation, und erhöhe den Namen Christi in der Welt. Lehre die, die zu viel auf deine Werkzeuge sehen, sich mehr auf dich zu verlassen. Vergib denen, die so gerne auf dem Staub eines armen Wurmes herumtreten, denn auch sie sind deine Kinder. Vergib dieses törichte Gebet, um Jesu Christi willen, und schenke uns eine gute Nacht, wenn es dein Wille ist. Amen.

Oliver Cromwell

In allen meinen Taten

In allen meinen Taten
Laß ich den Höchsten raten,
Der alles kann und hat;
Er muß zu allen Dingen,
Soll's anders wohl gelingen,
Selbst geben Rat und Tat.

Nichts ist es spät und frühe
Um alle meine Mühe,
Mein Sorgen ist umsonst:
Er mag's mit meinen Sachen
Nach seinem Willen machen,
Ich stell's in seine Gunst.

Es kann mir nichts geschehen,
Als was er hat versehen
Und was mir selig ist;
Ich nehm es, wie er's gibet;
Was ihm von mir geliebet,
Das hab auch ich erkiest.

Ich traue seiner Gnaden,
Die mich vor allem Schaden,
Vor allem Übel schützt.
Leb ich nach seinen Sätzen,
So wird mich nichts verletzen,
Nichts fehlen, was mir nützt.

Er wolle meiner Sünden
In Gnaden mich entbinden,
Durchstreichen meine Schuld!
Er wird auf mein Verbrechen
Nicht stracks das Urteil sprechen
Und haben noch Geduld.

Hat er es denn beschlossen,
So will ich unverdrossen
An mein Verhängnis gehn;
Kein Unfall unter allen
Wird mir zu harte fallen,
Ich will ihn überstehn.

Ihm hab ich mich ergeben
Zu sterben und zu leben,
Sobald er mir gebeut.
Es sei heut oder morgen,
Dafür laß ich ihn sorgen,
Er weiß die rechte Zeit.

So sei nun, Seele, deine
Und traue dem alleine,
Der dich geschaffen hat!
Es gehe, wie es gehe,
Dein Vater in der Höhe
Weiß allen Sachen Rat.

Paul Fleming

Ergebenheit

Laß dich nur nichts nicht dauern
Mit Trauern!
Sei stille!
Wie Gott es fügt,
So sei vergnügt,
Mein Wille!

Was willst du heute sorgen
Auf morgen?
Der Eine
Steht allem für;
Der gibt auch dir
Das Deine.

Sei nur in allem Handel
Ohn' Wandel,
Steh feste!
Was Gott beschleußt,
Das ist und heißt
Das Beste.

Paul Fleming

An meinen Erlöser

Erhöre meine Not, du aller Not Erhörer!
Hilf, Helfer aller Welt, hilf mir auch, der ich mir
selb-selbst nicht helfen kann; ich suche Trost bei dir.
Herr, du hast Rat und Tat; dich preisen deine Lehrer,
wie du es denn auch bist, für einen Glaubens-Mehrer.
Ich bin desselben leer. Hier steh ich, ich steh hier:
erfülle mich mit dir und deines Geistes Zier!
Er ist es, er dein Geist, der rechte Glaubens-Mehrer.
Arzt, ich bin krank nach dir. Du Brunnen Israel,
dein kräftigs Wasser löscht den Durst der matten Seel.
Auch dein Blut, Oster-Lamm, hat meine Tür errötet,
die zu dem Herzen geht. Ich steife mich auf dich,
du mein Hort, du mein Fels. Belebe, Leben, mich.
Dein Tod hat meinen Tod, du Todes Tod, getötet.

Paul Fleming

An das Angesicht des Herrn Jesu

O Haupt voll Blut und Wunden,
Voll Schmerz und voller Hohn!
O Haupt, zum Spott gebunden
Mit einer Dornen-Kron!
O Haupt! sonst schön gezieret
Mit höchster Ehr und Zier,
Itzt aber höchst schimpfieret:
Gegrüßet seist du mir!

Du edles Angesichte,
Dafür sonst schrickt und scheut
Das große Welt-Gewichte,
Wie bist du so bespeit?
Wie bist du so erbleichet?
Wer hat dein Augenlicht,
Dem sonst kein Licht nicht gleichet,
So schändlich zugericht?

Die Farbe deiner Wangen,
Der roten Lippen Pracht
Ist hin und ganz vergangen;
Des blassen Todes Macht
Hat alles hingenommen,
Hat alles hingerafft,
Und daher bist du kommen
Von deines Leibes Kraft.

Nun was du, Herr, erduldet,
Ist alles meine Last:
Ich hab es selbst verschuldet,
Was du getragen hast.
Schau her, hier steh ich Armer,
Der Zorn verdienet hat,
Gieb mir, o mein Erbarmer,
Den Anblick deiner Gnad.

Erkenne mich, mein Hüter,
Mein Hirte, nimm mich an;
Von dir, Quell aller Güter,
Ist mir viel Guts getan:
Dein Mund hat mich gelabet
Mit Milch und süßer Kost,
Dein Geist hat mich begabet
Mit mancher Himmels-Lust.

Ich will hier bei dir stehen,
Verachte mich doch nicht;
Von dir will ich nicht gehen,
Wann dir dein Herze bricht:
Wenn dein Haupt wird erblassen
Im letzten Todesstoß,
Alsdann will ich dich fassen
In meinen Arm und Schoß.

Es dient zu meinen Freuden
Und kömmt mir herzlich wol,
Wann ich zu deinem Leiden,
Mein Heil, mich finden soll!

Ach möcht ich, o mein Leben,
An deinem Kreuze hier
Mein Leben von mir geben,
Wie wohl geschähe mir!

Ich danke dir von Herzen,
O Jesu, liebster Freund,
Für deines Todes Schmerzen,
Da dus so gut gemeint:
Ach gieb, daß ich mich halte
Zu dir und deiner Treu,
Und wann ich nun erkalte,
In dir mein Ende sei.

Wann ich einmal soll scheiden,
So scheide nicht von mir!
Wann ich den Tod soll leiden,
So tritt du dann herfür:
Wann mir am allerbängsten
Wird um das Herze sein,
So reiß mich aus den Ängsten
Kraft deiner Angst und Pein.

Erscheine mir zum Schilde,
Zum Trost in meinem Tod,
Und laß mich sehn dein Bilde
In deiner Kreuzes-Not:
Da will ich nach dir blicken,
Da will ich Glaubens voll
Dich fest an mein Herz drücken;
Wer so stirbt, der stirbt wol.

Paul Gerhardt

Ich bin ein Gast auf Erden

Ich bin ein Gast auf Erden
und hab hier keinen Stand:
der Himmel soll mir werden,
da ist mein Vaterland.
Hier reis' ich bis zum Grabe,
dort in der ewgen Ruh
ist Gottes Gnadengabe,
die schleußt all Arbeit zu.

Was ist mein ganzes Wesen
von meiner Jugend an
als Müh und Not gewesen?
So lang ich denken kann,
hab ich so manchen Morgen,
so manche liebe Nacht
mit Kummer und mit Sorgen
des Herzens zugebracht.

Mich hat auf meinen Wegen
manch harter Sturm erschreckt;
Blitz, Donner, Wind und Regen
hat mir manch Angst erweckt;
Verfolgung, Haß und Neiden,
ob ichs gleich nicht verschuldt,
hab ich doch müssen leiden
und tragen mit Geduld.

Ich habe mich ergeben
in gleiches Glück und Leid:
Was will ich besser leben
als solche frommen Leut?
Es muß ja durchgedrungen,
es muß gelitten sein;
wer nicht hat wohl gerungen,
geht nicht zur Freud hinein.

So will ich zwar nun treiben
mein Leben durch die Welt,
doch denk ich nicht zu bleiben
in diesem fremden Zelt.
Ich wandre meine Straßen,
die zu der Heimat führt,
da mich ohn alle Maßen
mein Vater trösten wird.

Mein' Heimat ist dort oben,
da aller Engel Schar
den großen Herrscher loben,
der alles ganz und gar
in seinen Händen träget
und für und für erhält,
auch alles hebt und leget
nach dem's ihm wohlgefällt.

Zu dem steht mein Verlangen,
da wollt ich gerne hin:
Die Welt bin ich durchgangen,
daß ichs fast müde bin:

Je länger ich hier walle,
je wen'ger find ich Freud,
die meinem Geist gefalle,
das meist ist Herzeleid.

Die Herberg ist zu böse,
der Trübsal ist zuviel.
Ach, komm, mein Gott, und löse
mein Herz, wenn dein Herz will.
Komm, mach ein selges Ende
an meiner Wanderschaft,
und was mich kränkt, das wende
durch deinen Arm und Kraft!

Wo ich bisher gesessen,
ist nicht mein rechtes Haus.
Wenn mein Ziel ausgemessen,
so tret ich dann hinaus,
und was ich hier gebrauchet,
das leg ich alles ab,
und wenn ich ausgehauchet,
so scharrt man mich ins Grab.

Du aber, meine Freude,
du meines Lebens Licht,
du ziehst mich, wenn ich scheide,
hin vor dein Angesicht,
ins Haus der ewgen Wonne,
da ich stets freudenvoll
gleich als die helle Sonne
nebst andern leuchten soll.

Da will ich immer wohnen,
und nicht nur als ein Gast,
bei denen, die mit Kronen,
du ausgeschmücket hast.
Da will ich herrlich singen
von deinem großen Tun,
und frei von schnöden Dingen,
in meinem Erbteil ruhn.

Paul Gerhardt

Befiehl du deine Wege

Befiehl du deine Wege
Und was dein Herze kränkt
Der allertreusten Pflege
Des, der den Himmel lenkt:
Der Wolken, Luft und Winden
Gibt Wege, Lauf und Bahn,
Der wird auch Wege finden,
Da dein Fuß gehen kann.

Dem Herren mußt du trauen,
Wenn dir's soll wohl ergehn;
Auf sein Werk mußt du schauen,
Wenn dein Werk soll bestehn.
Mit Sorgen und mit Grämen
Und mit selbsteigner Pein
Läßt Gott ihm gar nichts nehmen,
Es muß erbeten sein.

Weg hast du allerwegen,
An Mitteln fehlt dir's nicht;
Dein Tun ist lauter Segen,
Dein Gang ist lauter Licht;
Dein Werk kann niemand hindern,
Dein Arbeit darf nicht ruhn,
Wenn du, was deinen Kindern
Ersprießlich ist, willst tun.

Und ob gleich alle Teufel
Hier wollten widerstehn,
So wird doch ohne Zweifel
Gott nicht zurücke gehn;
Was er ihm vorgenommen
Und was er haben will,
Das muß doch endlich kommen
Zu seinem Zweck und Ziel.

Hoff, o du arme Seele,
Hoff und sei unverzagt.
Gott wird dich aus der Höhle,
Da dich der Kummer jagt,
Mit großen Gnaden rücken;
Erwarte nur der Zeit,
So wirst du schon erblicken
Die Sonn der schönsten Freud.

Auf, auf, gib deinem Schmerze
Und Sorgen gute Nacht!
Laß fahren, was das Herze
Betrübt und traurig macht!
Bist du doch nicht Regente,
Der alles führen soll;
Gott sitzt im Regimente
Und führet alles wohl.

Er wird zwar eine Weile
Mit seinem Trost verziehn
Und tun an seinem Teile,
Als hätt in seinem Sinn

Er deiner sich begeben;
Und sollst du für und für
In Angst und Nöten schweben,
Fragt er doch nichts nach dir.

Wird's aber sich befinden,
Daß du ihm treu verbleibst,
So wird er dich entbinden,
Da du's am mindsten gläubst;
Er wird dein Herze lösen
Von der so schweren Last,
Die du zu keinem Bösen
Bisher getragen hast.

Mach End, o Herr, mach Ende
An aller unsrer Not!
Stärk unsre Füß und Hände
Und laß bis in den Tod
Uns allzeit deiner Pflege
Und Treu empfohlen sein,
So gehen unsre Wege
Gewiß zum Himmel ein.

Paul Gerhardt

Nun ruhen alle Wälder

Nun ruhen alle Wälder,
Vieh, Menschen, Städt und Felder,
Es schläft die ganze Welt;
Ihr aber, meine Sinnen,
Auf auf, ihr sollt beginnen,
Was eurem Schöpfer wohlgefällt.

Wo bist du, Sonne, blieben?
Die Nacht hat dich vertrieben,
Die Nacht, des Tages Feind;
Fahr hin! Ein ander Sonne,
Mein Jesus, meine Wonne,
Gar hell in meinem Herzen scheint.

Der Tag ist nun vergangen,
Die güldnen Sterne prangen
Am blauen Himmelssaal;
Also werd ich auch stehen,
Wenn mich wird heißen gehen
Mein Gott aus diesem Jammertal.

Der Leib eilt nun zur Ruhe,
Legt ab das Kleid und Schuhe,
Das Bild der Sterblichkeit;
Die zieh ich aus. Dagegen
Wird Christus mir anlegen
Den Rock der Ehr und Herrlichkeit.

Das Haupt, die Füß und Hände
Sind froh, daß nun zu Ende
Die Arbeit kommen sei;
Herz, freu dich, du sollst werden
Vom Elend dieser Erden
Und von der Sünden Arbeit frei.

Nun geht, ihr matten Glieder,
Geht hin und legt euch nieder,
Der Betten ihr begehrt;
Es kommen Stund und Zeiten,
Da man euch wird bereiten
Zur Ruh ein Bettlein in der Erd.

Mein Augen stehn verdrossen,
Im Hui sind sie geschlossen,
Wo bleibt denn Leib und Seel?
Nimm sie zu deinen Gnaden,
Sei gut für allem Schaden,
Du Aug und Wächter Israel.

Breit aus die Flügel beide,
O Jesu, meine Freude,
Und nimm dein Küchlein ein!
Will Satan mich verschlingen,
So laß die Englein singen:
Dies Kind soll unverletzet sein.

Auch euch, ihr meine Lieben,
Soll heinte nicht betrüben
Ein Unfall noch Gefahr.

Gott laß euch selig schlafen,
Stell euch die güldnen Waffen
Ums Bett und seiner Engel Schar.

Paul Gerhardt

Sie verspricht sich, ihn bis in den Tod zu lieben

Ich will dich lieben, meine Stärke,
Ich will dich lieben, meine Zier,
Ich will dich lieben mit dem Werke
Und immerwährender Begier:
Ich will dich lieben, schönstes Licht,
Bis mir das Herze bricht.

Ich will dich lieben, o mein Leben,
Als meinen allerbesten Freund;
Ich will dich lieben und erheben,
Solange mich dein Glanz bescheint.
Ich will dich lieben, Gottes Lamm,
Als meinen Bräutigam.

Ach, daß ich dich so spät erkennet,
Du hochgelobte Schönheit du!
Und dich nicht eher mein genennet,
Du höchstes Gut und wahre Ruh!
Es ist mir leid und bin betrübt,
Daß ich so spät geliebt.

Ich lief verirrt und war verblendet,
Ich suchte dich und fand dich nicht;
Ich hatte mich von dir gewendet
Und liebte das geschaffne Licht;
Nu aber ists durch dich geschehn,
Daß ich dich hab ersehn.

Ich danke dir, du wahre Sonne,
Daß mir dein Glanz hat Licht gebracht;
Ich danke dir, du Himmels-Wonne,
Daß du mich froh und frei gemacht;
Ich danke dir, du güldner Mund,
Daß du mich machst gesund.

Erhalte mich auf deinen Stegen,
Und laß mich nicht mehr irre gehn;
Laß meinen Fuß in deinen Wegen
Nicht straucheln oder stille stehn:
Erleucht mir Leib und Seele ganz,
Du starker Himmels-Glanz.

Gib meinen Augen süße Tränen,
Gib meinem Herzen keusche Brunst;
Laß meine Seele sich gewöhnen,
Zu üben in der Liebe-Kunst:
Laß meinen Sinn, Geist und Verstand
Stets sein zu dir gewandt.

Ich will dich lieben, meine Krone,
Ich will dich lieben, meinen Gott;
Ich will dich lieben ohne Lohne
Auch in der allergrößten Not;
Ich will dich lieben, schönstes Licht,
Bis mir das Herze bricht.

Angelus Silesius

Mensch, werde wesentlich

Mensch, werde wesentlich: denn wann die Welt vergeht,
So fällt der Zufall weg; das Wesen, das besteht.

Halt an! Wo laufst du hin? Der Himmel ist in dir,
Suchst du Gott anderswo, fehlst du ihn für und für.

Ich weiß nicht, was ich bin, ich bin nicht, was ich weiß:
Ein Ding und nicht ein Ding, ein Pünktchen und ein Kreis.

Dies alles ist ein Spiel, das sich die Gottheit macht,
Sie hat die Kreatur um ihretwilln erdacht.

Gott ist in mir das Feuer – und ich in ihm der Schein;
Sind wir einander nicht ganz inniglich gemein?

Ich weiß, daß ohne mich Gott nicht ein Nu kann leben,
Werd ich zunicht, Er muß vor Not den Geist aufgeben.

Die Kreaturen sind des ewgen Wortes Stimme,
Es singt und klingt sich selbst in Anmut und im Grimme.

Die Ros ist ohn Warum, sie blühet, weil sie blühet;
Sie acht nicht ihrer selbst, fragt nicht, ob man sie siehet.

Gott macht kein neues Ding, ob's uns zwar neue scheint:
Vor Ihm ist ewiglich, was man erst werden meint.

Die Rose, welche hier dein äußres Auge sieht,
Die hat von Ewigkeit in Gott also geblüht.

Gott ist noch nie gewest und wird auch niemals sein
Und bleibt doch nach der Welt, war auch vor ihr allein.

Gott hat sich nie bemüht, auch nie geruht, das merk –
Sein Wirken ist sein Ruhn und seine Ruh sein Werk.

Das größte Wunderding ist doch der Mensch allein:
Er kann, nach dem er's macht, Gott oder Teufel sein.

Der Himmel ist in dir und auch der Höllen Qual:
Was du erkiest und willst, das hast du überall.

Der Mensch, der seinen Geist nicht über sich erhebt,
Der ist nicht wert, daß er im Menschenstande lebt.

Der Regen fällt nicht ihm, die Sonne scheint nicht ihr;
Du auch bist anderen geschaffen und nicht dir.

Die Sonn erregt das All, macht alle Sterne tanzen –
Wirst du nicht auch bewegt, gehörst du nicht zum Ganzen.

Ich selbst muß Sonne sein, ich muß mit meinen Strahlen
Das farbenlose Meer der ganzen Gottheit malen!

Daß du nicht Menschen liebst, das tust du recht und wohl,
Die Menschheit ist's, die man im Menschen lieben soll.

Lieb üben hat viel Müh; wir sollten nicht allein
Nur lieben, sondern selbst, wie Gott, die Liebe sein.

Die Liebe geht zu Gott unangesagt hinein –
Verstand und hoher Witz muß lang im Vorhof sein.

Ein Herze, das zu Grund Gott still ist, wie er will,
Wird gern von ihm berührt – es ist sein Lautenspiel.

Ein Narr ist viel bemüht – des Weisen ganzes Tun,
Das zehnmal edler ist, heißt Lieben, Schauen, Ruhn.

Wer Gott um Gnaden bitt', der ist gar übel dran:
Er betet das Geschöpf und nicht den Schöpfer an.

Nicht du bist, der da lebt: denn das Geschöpf ist tot;
Das Leben, das in dir dich leben macht, ist Gott.

Freund, so du etwas bist, so bleib doch ja nicht stehn:
Man muß aus einem Licht fort in das andre gehn.

Die Welt, die hält dich nicht, du selber bist die Welt,
Die dich, in dir, mit dir, so stark gefangenhält.

Nichts ist, das dich bewegt, du selber bist das Rad,
Das aus sich selbsten läuft und keine Ruhe hat.

Mensch, alles was du willst, ist schon zuvor in dir;
Es lieget nur an dem, daß du's nicht wirkst herfür.

Die Seel', ein ew'ger Geist, ist über alle Zeit,
Sie lebt auch in der Welt schon in der Ewigkeit.

Mensch, in dem Ursprung ist das Wasser rein und
klar:
Trinkst du nicht aus dem Quell, so stehst du in Gefahr.

Gott zürnet nie mit uns, wir dichten's ihm nur an;
Unmöglich ist es ihm, daß er je zürnen kann.

Meinst du, o armer Mensch, daß deines Munds Geschrei
Der rechte Lobgesang der stillen Gottheit sei?

Geh, ruf den Morgenstern! Denn wenn der Tag anbricht,
So siehet man erst recht, was schön ist oder nicht.

Mensch, was du liebst, in das wirst du verwandelt werden;
Gott wirst du, liebst du Gott, und Erde, liebst du Erden.

Willst du den Perlentau der edeln Gottheit fangen,
So mußt du unverrückt an seiner Menschheit hangen.

Freund, es ist auch genug. Im Fall' du mehr willst lesen,
So geh und werde selbst die Schrift und selbst das Wesen.

Angelus Silesius

Morgenandacht

Morgenglanz der Ewigkeit,
Licht vom unerschöpften Lichte,
Schick uns diese Morgenzeit
Deine Strahlen zu Gesichte;
Und vertreib durch deine Macht
Unsre Nacht.

Deiner Güte Morgentau
Fall auf unser matt Gewissen;
Laß die dürre Lebensau
Lauter süßen Trost genießen;
Und erquick uns, deine Schar,
Immerdar.

Gib, daß deiner Liebe Glut
Unsre kalten Werke töte,
Und erweck uns Herz und Mut
Bei entstandner Morgenröte,
Daß wir, eh wir gar vergehn,
Recht aufstehn.

Ach! du Aufgang aus der Höh,
Gib, daß auch am Jüngsten Tage
Unser Leichnam aufersteh
Und, entfernt von aller Plage,
Sich auf jener Freudenbahn
Freuen kann.

Leucht uns selbst in jener Welt,
Du verklärte Gnadensonne,
Führ uns durch das Tränenfeld
In das Land der süßen Wonne,
Da die Lust, die uns erhöht,
Nie vergeht.

Christian Knorr von Rosenroth

Wie ist die Zeit vertan

Der schnelle Tag ist hin, die Nacht schwingt ihre Fahn
und führt die Sterne auf. Der Menschen müde Scharen
verlassen Feld und Werk; wo Tier und Vögel waren,
trauert die Einsamkeit. Wie ist die Zeit vertan!

Der Port naht mehr und mehr sich zu der Glieder Kahn.
Gleichwie dies Lied verfiel, so wird in wenig Jahren
ich, du und was man hat, und was man sieht, hinfahren.
Dies Leben kommt mir vor als eine Rennebahn.

Laß, höchster Gott, mich doch nicht auf dem Laufplatz
gleiten,
laß mich nicht, ach, nicht Pracht, nicht Lust, nicht Angst
verleiten,
dein ewig heller Glanz sei vor und neben mir.

Laß, wenn der müde Leib entschläft, die Seele wachen,
und wenn der letzte Tag wird mit mir Abend machen,
so reiß mich aus dem Tal der Finsternis zu dir!

Andreas Gryphius

Komm, Trost der Nacht

Komm, Trost der Nacht, o Nachtigall.
Laß deine Stimm mit Freudenschall
Aufs lieblichste erklingen;
Komm, komm und lob den Schöpfer dein,
Weil andre Vöglein schlafen sein
Und nicht mehr mögen singen!
Laß dein Stimmlein
Laut erschallen, dann vor allen
Kannst du loben
Gott im Himmel hoch dort oben.

Obschon ist hin der Sonnenschein
Und wir im Finstern müssen sein,
So können wir doch singen
Von Gottes Güt und seiner Macht,
Weil uns kann hindern keine Nacht,
Sein Lob zu vollenbringen.
Drum dein Stimmlein
Laß erschallen, dann vor allen
Kannst du loben
Gott im Himmel hoch dort oben.

Echo, der wilde Widerhall,
Will sein bei diesem Freudenschall
Und lässet sich auch hören,
Verweist uns alle Müdigkeit,
Der wir ergeben allezeit,
Lehrt uns den Schlaf betören.

Drum dein Stimmlein
Laß erschallen, dann vor allen
Kannst du loben
Gott im Himmel hoch dort oben.

Die Sterne, so am Himmel stehn,
Sich lassen zum Lob Gottes sehn
Und Ehre ihm beweisen;
Die Eul auch, die nicht singen kann,
Zeigt doch an ihrem Heulen an,
Daß sie Gott auch tu preisen.
Drum dein Stimmlein
Laß erschallen, dann vor allen
Kannst du loben
Gott im Himmel hoch dort oben.

Nur her, mein liebstes Vögelein,
Wir wollen nicht die Fäulste sein
Und schlafend liegenbleiben,
Vielmehr, bis daß die Morgenröt
Erfreuet diese Wälder öd,
In Gottes Lob vertreiben;
Laß dein Stimmlein
Laut erschallen, dann vor allen
Kannst du loben
Gott im Himmel hoch dort oben.

Hans Jakob Christoffel von Grimmelshausen

Du bist immer der gleiche

Herr, dein Geist ist so gut und lieblich in allen Dingen, du bist so barmherzig, daß nicht nur das Heil, sondern sogar das Unheil, das über deine Auserwählten kommt, eine Wirkung deiner Barmherzigkeit ist: Erweise mir die Gnade, daß ich nicht wie ein Heide handle in dem Zustand, in den deine Gerechtigkeit mich versetzt hat; daß ich wie ein wahrer Christ dich als meinen Vater und meinen Gott erkenne, in welcher Lage ich auch sein mag, denn die Veränderung meines Zustandes verändert den deinen nicht: du bist immer der gleiche, ob auch ich ein Opfer der Veränderung bin; du bist nicht weniger Gott, wenn du heimsuchst und strafst, als wenn du tröstest und Nachsicht übst.

Blaise Pascal

Ich weiß nicht, was mir nützlich ist

Gib, mein Gott, daß ich mit stets gleicher Seelenruhe alle möglichen Ereignisse hinnehme, denn wir wissen nicht, was wir bitten müssen, und ich kann das eine nicht mehr begehren als das andere, ohne Anmaßung und ohne mich verantwortlich zu machen für die Folgen, die deine Weisheit mir gerade hat verbergen wollen. Herr, ich weiß, daß ich nur eines weiß: daß es gut ist, dir nachzufolgen, und daß es böse ist, dich zu beleidigen. Außerdem weiß ich nicht, was besser oder schlechter ist in allen Dingen, ich weiß nicht, was mir nützlich ist, Gesundheit oder Krankheit, Reichtum oder Armut oder was immer von allen Dingen dieser Welt. Das zu entscheiden übersteigt die Kraft der Menschen und der Engel, und es ist verborgen in den Geheimnissen deiner Vorsehung, die ich anbeten und nicht ergründen will.

Blaise Pascal

Abendlied

Der Feierabend ist gemacht.
Die Arbeit schläft, der Traum erwacht,
die Sonne führt die Pferde trinken;
der Erdkreis wandert zu der Ruh,
die Nacht drückt ihm die Augen zu,
die schon dem süßen Schlafe winken.

Ich, Schöpfer, deine Kreatur,
bekenne, daß ich auf der Spur
der Sünder diesen Tag gewandelt;
ich habe dein Verbot verletzt,
mich dir in allem widersetzt
und wider meine Pflicht gehandelt.

Doch weil ein Quintchen Vaterhuld
viel tausend Zentner meiner Schuld
durch dein Erbarmen überwieget,
so gib Genade vor das Recht
und zürne nicht auf deinen Knecht,
der sich an deinen Füßen schmieget.

Der Beichte folgt das Gnadenwort:
steh auf, mein Sohn, und wandre fort!
Die Missetat ist dir erlassen;
drum kann mein Glaube ganz getrost,
ist Welt und Satan schon erbost,
bei deiner Wahrheit Anker fassen.

Mein Abendopfer ist ein Lied,
das dir zu danken sich bemüht,
die Brust entzündet Andachtskerzen;
gefällt dir dieser Brandaltar,
so mache die Verheißung wahr:
»Gott heilet die zerschlagnen Herzen.«

Du bester Anwalt, Jesu Christ,
der in den Schwachen mächtig ist,
komm und vollführe meine Sache!
Beweise, daß dein teures Blut,
was ich verbrochen, wieder gut
und auch die Sünder selig mache.

Du Geist der Wahrheit, breite dich
mit deinen Gaben über mich!
Dein Wort sei meines Fußes Leuchte!
Vergönne mir dein Gnadenlicht
auf meinen Wegen, daß ich nicht
mir selber zur Verdammnis leuchte!

Johann Christian Günther

Wem du dich gegeben, kann in Frieden leben

Allgenugsam Wesen,
das ich hab erlesen
mir zum höchsten Gut,
du vergnügst alleine,
völlig, innig, reine,
Seele, Geist und Mut.
Wer dich hat, ist still und satt,
wer dir kann im Geist anhangen,
darf nichts mehr verlangen.

Wem du dich gegeben,
kann in Frieden leben,
er hat, was er will,
wer im Herzensgrunde
lebt mit dir im Bunde,
liebet und ist still;
bist du da und innig nah,
muß das Schönste bald erbleichen
und das Beste weichen.

Höchstes Gut der Güter,
Ruhe der Gemüter,
Trost in aller Pein;
was Geschöpfe haben,
kann den Geist nicht laben,
du vergnügst allein.
Was ich mehr als dich begehr,
kann mein Seligsein nur hindern
und den Frieden mindern.

Was genannt mag werden
droben und auf Erden,
alles reicht nicht zu;
einer nur kann geben
Freude, Trost und Leben,
eins ist Not, nur du!
Hab ich dich nur wesentlich,
so mag Leib und Seel' verschmachten,
will ich's doch nicht achten.

Komm, du selig Wesen,
das ich mir erlesen,
werd mir offenbar!
Meinen Hunger stille,
meine Seele fülle
mit dir selber gar.
Komm, nimm ein mein Kämmerlein,
daß ich allem mich verschließe
und nur dich genieße.

Laß, o Herr, mit Freuden
mich von allem scheiden,
tot der Kreatur!
Innig dir ergeben,
kindlich in dir leben,
sei mein Himmel nur!
Bleib nur du mein Gott und Ruh',
bis du wirst in jenem Leben
dich mir völlig geben.

Gerhard Tersteegen

Nacht und Tod

O Anblick der Glanznacht, Sternheere,
Wie erhebt ihr! Wie entzückst du, Anschauung
Der herrlichen Welt! Gott Schöpfer!
Wie erhaben bist du, Gott Schöpfer!

Wie freut sich des Emporschauns zum Sternheer,
  wer empfindet
Wie gering er, und wer Gott, welch ein Staub er,
  und wer Gott,
Sein Gott ist! O sei dann, Gefühl
Der Entzückung, wenn auch ich sterbe, mit mir!

Was erschreckst du denn so, Tod, des Beladenen Schlaf?
O bewölke den Genuß himmlischer Freude nicht mehr!
Ich sink in den Staub, Gottes Saat! was schreckst
Den Unsterblichen du, täuschender Tod?

Mit hinab, o mein Leib, denn zur Verwesung!
In ihr Tal sanken hinab die Gefallnen
Vom Beginn her! mit hinab, o mein Staub,
Zur Heerschar, die entschlief!

Friedrich Gottlieb Klopstock

Nun dann in Gottes Namen

Nun dann in Gottes Namen
legt sich mein Leib zur Ruh.
Herr Jesu, Amen! Amen!
Drück mir die Augen zu.

Wen deine Flügel decken,
dem ist kein Bett zu hart,
und vor der Nächte Schrecken
schützt deine Gegenwart.

Wenn neben mir ein armer
gefangener Freund noch wacht,
so stärk ihn du, Erbarmer,
mit einer guten Nacht.

Gib allen sorgenschweren,
beklemmten Herzen Rast;
wisch ab des Elends Zähren,
und nimm des Müden Last.

Sollt ich im Schlafe sterben,
so sei mein schneller Tod
nicht Hinsturz ins Verderben,
es sei ein Flug zu Gott!

Und nun in Gottes Namen
leg ich mein Leib zur Ruh.
Herr Jesu, Amen! Amen!
Mein letztes Wort bist du.

Christian Fürchtegott Gellert

Die Ehre Gottes aus der Natur

Die Himmel rühmen des Ewigen Ehre,
Ihr Schall pflanzt seinen Namen fort.
Ihn rühmt der Erdkreis, ihn preisen die Meere;
Vernimm, o Mensch, ihr göttlich Wort!

Wer trägt der Himmel unzählbare Sterne?
Wer führt die Sonn aus ihrem Zelt?
Sie kömmt und leuchtet und lacht uns von ferne,
Und läuft den Weg, gleich als ein Held.

Vernimm's, und siehe die Wunder der Werke,
Die die Natur dir aufgestellt!
Verkündigt Weisheit und Ordnung und Stärke
Dir nicht den Herrn, den Herrn der Welt?

Kannst du der Wesen unzählbare Heere,
Den kleinsten Staub fühllos beschaun?
Durch wen ist alles? O gib ihm die Ehre!
Mir, ruft der Herr, sollst du vertraun.

Mein ist die Kraft, mein ist Himmel und Erde;
An meinen Werken kennst du mich.
Ich bin's, und werde sein, der ich sein werde,
Dein Gott und Vater ewiglich.

Ich bin dein Schöpfer, bin Weisheit und Güte,
Ein Gott der Ordnung und dein Heil;
Ich bin's! Mich liebe von ganzem Gemüte,
Und nimm an meiner Gnade teil.

Christian Fürchtegott Gellert

Morgengesang

Wohlauf! Es tagt vortrefflich schon,
Die Nacht muß ab von ihrem Thron,
Der Tag will ihn besitzen!
Wohlauf! zu sehn das Licht der Welt,
Wie's kommt und in die Täler fällt,
Und auf der Berge Spitzen.

Wohlauf! zu fröhlichem Gesang!
Aus einem Munde: Gott sei Dank,
Er hat dem Sein geboten!
Und alles war auf sein Gebot,
Die Welt und wir! – Er ist der Gott
Der Lebenden und Toten!

Wohlauf, zur Arbeit! Schlaf ist Tod!
Der Faule schläft, und will sein Brot
Genießen, nicht verdienen!
Der Fleißige steht auf und lebt,
Und singt und betet, pflügt und gräbt,
Und seine Felder grünen!

Johann Wilhelm Ludwig Gleim

Nur eine kleine Weile

Der Mensch lebt und bestehet
nur eine kleine Zeit;
und alle Welt vergehet
mit ihrer Herrlichkeit.
Es ist nur einer ewig und an allen Enden,
und wir in seinen Händen.

Und der ist allwissend.

Halleluja!
Und der ist heilig.

Halleluja!
Und der ist allmächtig.

Halleluja!
Und der ist barmherzig!

Ist barmherzig – Halleluja! Amen!
Halleluja ewig, ewig ewig seinem Namen!
Ist barmherzig – Halleluja! Amen!

Matthias Claudius

Täglich zu singen

Ich danke Gott, und freue mich
Wie's Kind zur Weihnachtsgabe,
Daß ich bin, bin! und daß ich dich,
Schön menschlich Antlitz! habe;

Daß ich die Sonne, Berg' und Meer,
Und Laub und Gras kann sehen,
Und abends unterm Sternenheer
Und lieben Monde gehen;

Und daß mir denn zumute ist,
Als wenn wir Kinder kamen,
Und sahen, was der heil'ge Christ
Bescheret hatte, Amen!

Ich danke Gott mit Saitenspiel,
Daß ich kein König worden;
Ich wär' geschmeichelt worden viel,
Und wär' vielleicht verdorben.

Auch bet' ich ihn von Herzen an,
Daß ich auf dieser Erde
Nicht bin ein großer reicher Mann,
Und auch wohl keiner werde.

Denn Ehr' und Reichtum treibt und bläht,
Hat mancherlei Gefahren,
Und vielen hat's das Herz verdreht,
Die weiland wacker waren.

Und all das Geld und all das Gut
  Gewährt zwar viele Sachen;
Gesundheit, Schlaf und guten Mut
  Kann's aber doch nicht machen.

Und die sind doch, bei Ja und Nein!
  Ein rechter Lohn und Segen!
Drum will ich mich nicht groß kastei'n
  Des vielen Geldes wegen.

Gott gebe mir nur jeden Tag,
  Soviel ich darf zum Leben.
Er gibt's dem Sperling auf dem Dach;
  Wie sollt er's mir nicht geben!

Matthias Claudius

Abendlied

Der Mond ist aufgegangen,
Die goldnen Sternlein prangen
Am Himmel hell und klar;
Der Wald steht schwarz und schweiget,
Und aus den Wiesen steiget
Der weiße Nebel wunderbar.

Wie ist die Welt so stille
Und in der Dämmrung Hülle
So traulich und so hold,
Als eine stille Kammer,
Wo ihr des Tages Jammer
Verschlafen und vergessen sollt.

Seht ihr den Mond dort stehen? –
Er ist nur halb zu sehen
Und ist doch rund und schön!
So sind wohl manche Sachen,
Die wir getrost belachen,
Weil unsre Augen sie nicht sehn.

Wir stolze Menschenkinder
Sind eitel arme Sünder
Und wissen gar nicht viel;
Wir spinnen Luftgespinste
Und suchen viele Künste
Und kommen weiter von dem Ziel.

Gott, laß uns dein Heil schauen,
Auf nichts Vergänglichs trauen,
Nicht Eitelkeit uns freun!
Laß uns einfältig werden
Und vor dir hier auf Erden
Wie Kinder fromm und fröhlich sein!

Wollst endlich sonder Grämen
Aus dieser Welt uns nehmen
Durch einen sanften Tod!
Und, wenn du uns genommen,
Laß uns in Himmel kommen,
Du unser Herr und unser Gott!

So legt euch denn, ihr Brüder,
In Gottes Namen nieder;
Kalt ist der Abendhauch.
Verschon uns, Gott! mit Strafen,
Und laß uns ruhig schlafen
Und unsern kranken Nachbar auch!

Matthias Claudius

Du Vater,
Lenker meiner Tage

Mein Vater, der mich nährt und schützt,
ich weiß so wenig, was mir nützt,
daß ich fast nichts zu bitten wage.
Ich halte mich
allein an dich,
du Herr und Lenker meiner Tage.

Nur diese Wahrheit seh ich ein,
gib mir die Kraft, stets gut zu sein,
so bin ich überall geborgen.
Das andre kommt,
so wie mir's frommt,
dafür wirst du, mein Vater, sorgen.

Johann Gottfried Seume

Das Landleben

Wunderseliger Mann, welcher der Stadt entfloh!
Jedes Säuseln des Baums, jedes Geräusch des Bachs,
  Jeder blinkende Kiesel
    Predigt Tugend und Weisheit ihm!

Jedes Schattengesträuch ist ihm ein heiliger
Tempel, wo ihm sein Gott näher vorüberwallt;
  Jeder Rasen ein Altar,
    Wo er vor dem Erhabnen kniet!

Seine Nachtigall tönt Schlummer herab auf ihn,
Seine Nachtigall weckt flötend ihn wieder auf,
  Wann das liebliche Frührot
    Durch die Bäum' auf sein Bette scheint.

Dann bewundert er dich, Gott, in der Morgenflur,
In der steigenden Pracht deiner Verkünderin,
  Deiner herrlichen Sonne,
    Dich im Wurm und im Knospenzweig;

Ruht im wehenden Gras, wann sich die Kühl' ergießt,
Oder strömet den Quell über die Blumen aus,
  Trinkt den Atem der Blüte,
    Trinkt die Milde der Abendluft.

Sein bestrohetes Dach, wo sich das Taubenvolk
Sonnt und spielet und hüpft, winket ihm süßre Rast
  Als dem Städter der Goldsaal,
    Als der Polster der Städterin.

Und der spielende Trupp schwirret zu ihm herab,
Gurrt und säuselt ihn an, flattert ihm auf den Korb,
Picket Krumen und Erbsen,
Picket Körner ihm aus der Hand.

Einsam wandelt er oft, Sterbegedanken voll,
Durch die Gräber des Dorfs, setzet sich auf ein Grab
Und beschauet die Kreuze
Und den wehenden Totenkranz.

Wunderseliger Mann, welcher der Stadt entfloh!
Engel segneten ihn, als er geboren ward,
Streuten Blumen des Himmels
Auf die Wiege des Knaben aus.

Ludwig Christoph Heinrich Hölty

Eins und Alles

Im Grenzenlosen sich zu finden,
Wird gern der Einzelne verschwinden,
Da löst sich aller Überdruß;
Statt heißem Wünschen, wildem Wollen,
Statt lästgem Fordern, strengem Sollen,
Sich aufzugeben ist Genuß.

Weltseele, komm, uns zu durchdringen!
Dann mit dem Weltgeist selbst zu ringen
Wird unsrer Kräfte Hochberuf.
Teilnehmend führen gute Geister,
Gelinde leitend, höchste Meister,
Zu dem, der alles schafft und schuf.

Und umzuschaffen das Geschaffne,
Damit sichs nicht zum Starren waffne,
Wirkt ewiges lebendiges Tun.
Und was nicht war, nun will es werden,
Zu reinen Sonnen, farbigen Erden,
In keinem Falle darf es ruhn.

Es soll sich regen, schaffend handeln,
Erst sich gestalten, dann verwandeln;
Nur scheinbar stehts Momente still.
Das Ewige regt sich fort in allen:
Denn alles muß in Nichts zerfallen,
Wenn es im Sein beharren will.

Wenn im Unendlichen dasselbe
Sich wiederholend ewig fließt,
Das tausendfältige Gewölbe
Sich kräftig ineinander schließt,
Strömt Lebenslust aus allen Dingen,
Dem kleinsten wie dem größten Stern,
Und alles Drängen, alles Ringen
Ist ewige Ruh in Gott dem Herrn.

Johann Wolfgang von Goethe

Sehnsucht

Dies wird die letzte Trän nicht sein,
Die glühend Herz-auf quillet,
Das mit unsäglich-neuer Pein
Sich schmerzvermehrend stillet.

O laß doch immer hier und dort
Mich ewig Liebe fühlen,
Und möcht der Schmerz auch also fort
Durch Nerv und Adern wühlen.

Könnt ich doch ausgefüllt einmal
Von dir, o Ewger! werden –
Ach, diese lange, tiefe Qual,
Wie dauert sie auf Erden!

Johann Wolfgang von Goethe

Prooemion

Im Namen dessen, der sich selbst erschuf!
Von Ewigkeit in schaffendem Beruf;
In seinem Namen, der den Glauben schafft,
Vertrauen, Liebe, Tätigkeit und Kraft;
In jenes Namen, der, so oft genannt,
Dem Wesen nach blieb immer unbekannt:

So weit das Ohr, so weit das Auge reicht,
Du findest nur Bekanntes, das ihm gleicht,
Und deines Geistes höchster Feuerflug
Hat schon am Gleichnis, hat am Bild genug;
Es zieht dich an, es reißt dich heiter fort,
Und wo du wandelst, schmückt sich Weg und Ort;
Du zählst nicht mehr, berechnest keine Zeit,
Und jeder Schritt ist Unermeßlichkeit.

Johann Wolfgang von Goethe

Der Pilgrim

Noch in meines Lebens Lenze
War ich, und ich wandert aus,
Und der Jugend frohe Tänze
Ließ ich in des Vaters Haus.

All mein Erbteil, meine Habe
Warf ich fröhlich glaubend hin,
Und am leichten Pilgerstabe
Zog ich fort mit Kindersinn.

Denn mich trieb ein mächtig Hoffen
Und ein dunkles Glaubenswort:
Wandle, rief's, der Weg ist offen,
Immer nach dem Aufgang fort.

Bis zu einer goldnen Pforten
Du gelangst, da gehst du ein,
Denn das Irdische wird dorten
Himmlisch unvergänglich sein.

Abend ward's und wurde Morgen,
Nimmer, nimmer stand ich still,
Aber immer blieb's verborgen,
Was ich suche, was ich will.

Berge lagen mir im Wege,
Ströme hemmten meinen Fuß,
Über Schlünde baut ich Stege,
Brücken durch den wilden Fluß.

Und zu eines Stroms Gestaden
Kam ich, der nach Morgen floß,
Froh vertrauend seinem Faden,
Werf ich mich in seinen Schoß.

Hin zu einem großen Meere
Trieb mich seiner Wellen Spiel,
Vor mir liegt's in weiter Leere,
Näher bin ich nicht dem Ziel.

Ach kein Steg will dahin führen,
Ach der Himmel über mir
Will die Erde nie berühren,
Und das Dort ist niemals hier!

Friedrich Schiller

An die Freude

Freude, schöner Götterfunken,
Tochter aus Elysium,
Wir betreten feuertrunken,
Himmlische, dein Heiligtum.
Deine Zauber binden wieder,
Was die Mode streng geteilt,
Alle Menschen werden Brüder,
Wo dein sanfter Flügel weilt.
  Seid umschlungen, Millionen!
  Diesen Kuß der ganzen Welt!
  Brüder – überm Sternenzelt
  Muß ein lieber Vater wohnen.

Wem der große Wurf gelungen,
Eines Freundes Freund zu sein,
Wer ein holdes Weib errungen,
Mische seinen Jubel ein!
Ja – wer auch nur *eine* Seele
Sein nennt auf dem Erdenrund!
Und wer's nie gekonnt, der stehle
Weinend sich aus diesem Bund.
  Was den großen Ring bewohnet,
  Huldige der Sympathie!
  Zu den Sternen leitet sie,
  Wo der Unbekannte thronet.

Freude trinken alle Wesen
An den Brüsten der Natur,
Alle Guten, alle Bösen
Folgen ihrer Rosenspur.
Küsse gab sie uns und Reben,
Einen Freund, geprüft im Tod,
Wollust ward dem Wurm gegeben,
Und der Cherub steht vor Gott.
  Ihr stürzt nieder, Millionen?
  Ahnest du den Schöpfer, Welt?
  Such ihn überm Sternenzelt!
  Über Sternen muß er wohnen.

Freude heißt die starke Feder
In der ewigen Natur.
Freude, Freude treibt die Räder
In der großen Weltenuhr.
Blumen lockt sie aus den Keimen,
Sonnen aus dem Firmament,
Sphären rollt sie in den Räumen,
Die des Sehers Rohr nicht kennt.
  Froh, wie seine Sonnen fliegen
  Durch des Himmels prächtgen Plan,
  Wandelt, Brüder, eure Bahn,
  Freudig wie ein Held zum Siegen.

Aus der Wahrheit Feuerspiegel
Lächelt sie den Forscher an.
Zu der Tugend steilem Hügel
Leitet sie des Dulders Bahn.
Auf des Glaubens Sonnenberge

Sieht man ihre Fahnen wehn,
Durch den Riß gesprengter Särge
Sie im Chor der Engel stehn.
  Duldet mutig, Millionen!
  Duldet für die beßre Welt!
  Droben überm Sternenzelt
  Wird ein großer Gott belohnen.

Göttern kann man nicht vergelten,
Schön ist's, ihnen gleich zu sein.
Gram und Armut soll sich melden,
Mit den Frohen sich erfreun.
Groll und Rache sei vergessen,
Unserm Todfeind sei verziehn,
Keine Träne soll ihn pressen,
Keine Reue nage ihn.
  Unser Schuldbuch sei vernichtet!
  Ausgesöhnt die ganze Welt!
  Brüder – überm Sternenzelt
  Richtet Gott, wie wir gerichtet.

Freude sprudelt in Pokalen,
In der Traube goldnem Blut
Trinken Sanftmut Kannibalen,
Die Verzweiflung Heldenmut.
Brüder, fliegt von euren Sitzen,
Wenn der volle Römer kreist,
Laßt den Schaum zum Himmel spritzen:
Dieses Glas dem guten Geist!

Den der Sterne Wirbel loben,
Den des Seraphs Hymne preist,
Dieses Glas dem guten Geist
Überm Sternenzelt dort oben!

Festen Mut in schweren Leiden,
Hilfe, wo die Unschuld weint,
Ewigkeit geschwornen Eiden,
Wahrheit gegen Freund und Feind,
Männerstolz vor Königsthronen –
Brüder, gält es Gut und Blut:
Dem Verdienste seine Kronen,
Untergang der Lügenbrut!
Schließt den heilgen Zirkel dichter,
Schwört bei diesem goldnen Wein.
Dem Gelübde treu zu sein,
Schwört es bei dem Sternenrichter!

Friedrich Schiller

Ich sage euch

Ich sage euch, 's ist alles heilig jetzt,
Und wer im Blühen einen Baum verletzt,
Der schneidet ein, wie in ein Mutterherz.
Und wer sich eine Blume pflückt zum Scherz
Und sie dann von sich schleudert sorgenlos,
Der reißt ein Kind von seiner Mutter Schoß.
Und wer dem Vogel jetzt die Freiheit raubt,
Der sündiget an eines Sängers Haupt,
Und wer im Frühling bitter ist und hart,
Vergeht sich wider Gott, der sichtbar ward.

Jean Paul

Neujahrslied

Mit der Freude zieht der Schmerz
Traulich durch die Zeiten.
Schwere Stürme, milde Weste,
Bange Sorgen, frohe Feste
Wandeln sich zur Seiten.

Und wo eine Träne fällt,
Blüht auch eine Rose.
Schon gemischt, noch eh wir's bitten,
Ist für Thronen und für Hütten
Schmerz und Lust im Lose.

War's nicht so im alten Jahr?
Wird's im neuen enden?
Sonnen wallen auf und nieder,
Wolken gehn und kommen wieder,
Und kein Wunsch wird's wenden.

Gebe denn, der über uns
Wägt mit rechter Waage,
Jedem Sinn für seine Freuden,
Jedem Mut für seine Leiden
In die neuen Tage,

Jedem auf des Lebens Pfad
Einen Freund zur Seite,
Ein zufriedenes Gemüte
Und zu stiller Herzensgüte
Hoffnung ins Geleite!

Johann Peter Hebel

Lied der Liebe

Engelfreuden ahnend, wallen
Wir hinaus auf Gottes Flur,
Wo die Jubel widerhallen
In dem Tempel der Natur.
Heute soll kein Auge trübe,
Sorge nicht hienieden sein,
Jedes Wesen soll der Liebe
Wonniglich, wie wir, sich freu'n.

Singt den Jubel, Schwestern, Brüder,
Fest geschlungen Hand in Hand!
Singt das heiligste der Lieder,
Von dem hohen Wesenband!
Steigt hinauf am Rebenhügel,
Blickt hinab ins Schattental!
Überall der Liebe Flügel,
Wonnerauschend überall!

Liebe lehrt das Lüftchen kosen
Mit den Blumen auf der Au,
Lockt zu jungen Frühlingsrosen
Aus der Wolke Morgentau,
Liebe ziehet Well' an Welle
Freundlich murmelnd näher hin,
Leitet aus der Kluft die Quelle
Sanft hinab ins Wiesengrün.

Berge knüpft mit eh'rner Kette
Liebe an das Firmament,
Donner ruft sie an die Stätte,
Wo der Sand die Pflanze brennt.
Um die hehre Sonne leitet
Sie die treuen Sterne her,
Folgsam ihrem Winke gleitet
Jeder Strom ins weite Meer.

Liebe wallt durch Ozeane,
Höhnt des Dursts im dürren Sand,
Sieget, wo Tyrannen dräuen,
Steigt hinab ins Totenland!
Liebe trümmert Felsen nieder,
Zaubert Paradiese hin,
Schaffet Erd' und Himmel wieder
Göttlich wie im Anbeginn.

Liebe schwingt den Seraphsflügel,
Wo der Gott der Götter thront,
Lohnt den Schweiß am Felsenhügel,
Wann der Richter einst belohnt,
Wann die Königsstühle trümmern,
Hin ist jede Scheidewand.
Adeltaten heller schimmern,
Reiner, denn der Krone Tand.

Mag uns jetzt die Stunde schlagen,
Jetzt die letzte Othem wehn!
Brüder, drüben wird es tagen!
Schwestern, dort ist Wiedersehn!

Jauchzt dem heiligsten der Triebe,
Den der Gott der Götter gab,
Brüder, Schwestern, jauchzt der Liebe!
Sie besieget Zeit und Grab.

Friedrich Hölderlin

Gebet des Zoroaster

(Aus einer indischen Handschrift, von einem Reisenden in den Ruinen von Palmyra gefunden)

Gott, mein Vater im Himmel! Du hast dem Menschen ein so freies, herrliches und üppiges Leben bestimmt. Kräfte unendlicher Art, göttliche und tierische, spielen in seiner Brust zusammen, um ihn zum König der Erde zu machen. Gleichwohl, von unsichtbaren Geistern überwältigt, liegt er, auf verwundernswürdige und unbegreifliche Weise, in Ketten und Banden; das Höchste, von Irrtum geblendet, läßt er zur Seite liegen, und wandelt, wie mit Blindheit geschlagen, unter Jämmerlichkeiten und Nichtigkeiten umher. Ja, er gefällt sich in seinem Zustand; und wenn die Vorwelt nicht wäre und die göttlichen Lieder, die von ihr Kunde geben, so würden wir gar nicht mehr ahnden, von welchen Gipfeln, o Herr! der Mensch um sich schauen kann. Nun lässest du es, von Zeit zu Zeit, niederfallen, wie Schuppen, von dem Auge eines deiner Knechte, den du dir erwählt, daß er die Torheiten und Irrtümer seiner Gattung überschaue; ihn rüstest du mit dem Köcher der Rede, daß er, furchtlos und liebreich, mitten unter sie trete, und sie mit Pfeilen, bald schärfer, bald leiser, aus der wunderlichen Schlafsucht, in welcher sie befangen liegen, wecke. Auch mich, o Herr, hast du, in deiner Weisheit, mich wenig Würdigen, zu diesem Geschäft erkoren; und ich schicke mich zu meinem Beruf an. Durchdringe mich ganz, vom Scheitel zur Sohle, mit dem Gefühl des Elends, in welchem dies Zeitalter darniederliegt, und mit der Einsicht in alle Erbärmlichkeiten, Halbheiten, Unwahrhaftigkeiten und Gleisnereien, von denen es die Folge ist. Stähle mich mit Kraft, den Bogen des Urteils rüstig zu spannen, und, in der Wahl der Geschosse, mit Besonnenheit und Klugheit, auf daß ich jedem, wie es ihm zukommt, begegne: den Verderblichen und Unheilbaren, dir zum Ruhm, niederwerfe, den Lasterhaften schrecke, den Irrenden warne, den Toren, mit dem bloßen Geräusch der Spitze über sein Haupt hin, necke. Und einen Kranz auch lehre mich winden, womit ich, auf meine Weise, den, der dir wohlgefällig ist, kröne! Über alles aber, o Herr, möge Liebe wachen zu dir, ohne welche nichts, auch das Geringfügigste nicht, gelingt: auf daß dein Reich verherrlicht und erweitert werde, durch alle Räume und alle Zeiten, Amen!

Heinrich von Kleist

Der höhere Frieden

Wenn sich auf des Krieges Donnerwagen
Menschen waffnen, auf der Zwietracht Ruf,
Menschen, die im Busen Herzen tragen,
Herzen, die der Gott der Liebe schuf:

Denk' ich, können sie doch mir nichts rauben,
Nicht den Frieden, der sich selbst bewährt,
Nicht die Unschuld, nicht an Gott den Glauben,
Der dem Hasse wie dem Schrecken wehrt;

Nicht des Ahorns dunkelm Schatten wehren,
Daß er mich im Weizenfeld erquickt,
Und das Lied der Nachtigall nicht stören,
Die den stillen Busen mir entzückt.

Heinrich von Kleist

Geistliches Lied

Wenn ich ihn nur habe,
Wenn er mein nur ist,
Wenn mein Herz bis hin zum Grabe
Seine Treue nie vergißt:
Weiß ich nichts von Leide,
Fühle nichts als Andacht, Lieb und Freude.

Wenn ich ihn nur habe,
Laß ich alles gern,
Folg an meinem Wanderstabe
Treugesinnt nur meinem Herrn;
Lasse still die andern
Breite, lichte, volle Straßen wandern.

Wenn ich ihn nur habe,
Schlaf ich fröhlich ein;
Ewig wird zu süßer Labe
Seines Herzens Flut mir sein,
Die mit sanftem Zwingen
Alles wird erweichen und durchdringen.

Wenn ich ihn nur habe,
Hab ich auch die Welt;
Selig wie ein Himmelsknabe,
Der der Jungfrau Schleier hält.
Hingesenkt im Schauen,
Kann mir vor dem Irdischen nicht grauen.

Wo ich ihn nur habe,
Ist mein Vaterland;
Und es fällt mir jede Gabe
Wie ein Erbteil in die Hand;
Längst vermißte Brüder
Find ich nun in seinen Jüngern wieder.

Novalis

Wenn alle untreu werden

Wenn alle untreu werden,
So bleib ich dir doch treu;
Daß Dankbarkeit auf Erden
Nicht ausgestorben sei.
Für mich umfing dich Leiden,
Vergingst für mich in Schmerz;
Drum geb ich dir mit Freuden
Auf ewig dieses Herz.

Oft muß ich bitter weinen,
Daß du gestorben bist
Und mancher von den deinen
Dich lebenslang vergißt.
Von Liebe nur durchdrungen
Hast du so viel getan,
Und doch bist du verklungen,
Und keiner denkt daran.

Du stehst voll treuer Liebe
Noch immer jedem bei,
Und wenn dir keiner bliebe,
So bleibst du dennoch treu;
Die treuste Liebe sieget,
Am Ende fühlt man sie,
Weint bitterlich und schmieget
Sich kindlich an dein Knie.

Ich habe dich empfunden,
O lasse nicht von mir;
Laß innig mich verbunden
Auf ewig sein mit dir!
Einst schauen meine Brüder
Auch wieder himmelwärts,
Und sinken liebend nieder
Und fallen dir ans Herz.

Novalis

Gottlob,
daß ich auf Erden bin

Gottlob, daß ich auf Erden bin
Und Leib und Seele habe;
Ich danke Gott in meinem Sinn
Für diese große Gnade.

Der Leib ist mir doch herzlich lieb,
Trotz seiner Fehl und Mängel,
Ich nehme gern mit ihm vorlieb
Und neide keinem Engel.

Novalis

Danke für die schöne Welt

Kein Tierlein ist auf Erden
Dir, lieber Gott zu klein,
Du ließt sie alle werden,
Und alle sind sie dein.

Zu dir, zu dir,
Ruft Mensch und Tier;
Der Vogel dir singt,
Das Fischlein dir springt,
Die Biene dir brummt,
Der Käfer dir summt,
Auch pfeifet dir das Mäuslein klein,
Herr Gott, du sollst gelobet sein!

Clemens Brentano

Gebet

Gib Liebe mir und einen frohen Mund,
Daß ich dich, Herr der Erde, tue kund;
Gesundheit gib bei sorgenfreiem Gut,
Ein frommes Herz und einen festen Mut;
Gib Kinder mir, die aller Mühe wert;
Verscheuch die Feinde von dem trauten Herd;
Gib Flügel dann und einen Hügel Sand;
Den Hügel Sand im lieben Vaterland;
Die Flügel schenk dem abschiedschweren Geist,
Daß er sich leicht der schönen Welt entreißt.

Achim von Arnim

Schäfers Sonntagslied

Das ist der Tag des Herrn!
Ich bin allein auf weiter Flur.
Noch eine Morgenglocke nur,
Nun Stille nah und fern.

Anbetend knie ich hier.
O süßes Graun! geheimes Wehn!
Als knieten viele ungesehn
Und beteten mit mir.

Der Himmel nah und fern,
Er ist so klar und feierlich,
So ganz, als wollt' er öffnen sich.
Das ist der Tag des Herrn!

Ludwig Uhland

Zimmerspruch

Das neue Haus ist aufgericht't.
Gedeckt, gemauert ist es nicht,
Noch können Regen und Sonnenschein
Von oben und überall herein;
Drum rufen wir zum Meister der Welt,
Er wolle von dem Himmelszelt
Nur Heil und Segen gießen aus
Hier über dieses offne Haus.
Zuoberst woll' er gut Gedeihn
In die Kornböden uns verleihn,
In die Stube Fleiß und Frömmigkeit,
In die Küche Maß und Reinlichkeit,
In den Stall Gesundheit allermeist,
In den Keller dem Wein einen guten Geist;
Die Fenster und Pforten woll' er weihn,

Ludwig Uhland

Morgengebet

O wunderbares, tiefes Schweigen,
Wie einsam ists noch auf der Welt!
Die Wälder nur sich leise neigen,
Als ging' der Herr durchs stille Feld.

Ich fühl mich recht wie neu geschaffen,
Wo ist die Sorge nun und Not?
Was mich noch gestern wollt erschlaffen,
Ich schäm mich des im Morgenrot.

Die Welt mit ihrem Gram und Glücke
Will ich, ein Pilger, frohbereit
Betreten nur wie eine Brücke
Zu dir, Herr, übern Strom der Zeit.

Und buhlt mein Lied, auf Weltgunst lauernd,
Um schnöden Sold der Eitelkeit:
Zerschlag mein Saitenspiel, und schauernd
Schweig ich vor dir in Ewigkeit.

Joseph von Eichendorff

Walt' Gott!

Gestern stürmts noch, und am Morgen
Blühet schon das ganze Land –
Will auch nicht für morgen sorgen,
Alles steht in Gottes Hand.

Putz dich nur in Gold und Seiden:
In dem Felde über Nacht
Engel Gotts die Lilien kleiden,
Schöner als du's je gedacht.

Sonn dich auf des Lebens Gipfeln:
Über deinem stolzen Haus
Singt der Vogel in den Wipfeln,
Schwingt sich über dich hinaus!

Vögel nicht, noch Blumen sorgen,
Hat doch jedes sein Gewand –
Wie so fröhlich rauscht der Morgen!
Alles steht in Gottes Hand.

Joseph von Eichendorff

Mondnacht

Es war, als hätt der Himmel
Die Erde still geküßt,
Daß sie im Blütenschimmer
Von ihm nun träumen müßt.

Die Luft ging durch die Felder,
Die Ähren wogten sacht,
Es rauschten leis die Wälder,
So sternklar war die Nacht.

Und meine Seele spannte
Weit ihre Flügel aus,
Flog durch die stillen Lande,
Als flöge sie nach Haus.

Joseph von Eichendorff

Abendlied

Der Tag ist nun vergangen
und dunkel schläft die Welt,
die hellen Sterne prangen
am blauen Himmelszelt;
nur in den grünen Zweigen
singt noch die Nachtigall,
im weiten tiefen Schweigen
der einz'ge Lebensschall.

Ich aber, Vater, stehe
in meiner Hüttentür
und schau hinauf zur Höhe
und schau hinauf zu dir,
wie gerne möcht ich klingen
als hellste Nachtigall,
dir Lob und Dank zu bringen
mit tiefem Schmerzensschall!

Ja, mit dem Schall der Schmerzen;
denn geht die Nacht herauf,
so springt in meinem Herzen
ein Quell der Tränen auf,
der Tränen und der Klagen:
Du, Vater, weißt es best,
was singen und nicht sagen,
was sich nicht sprechen läßt.

Ernst Moritz Arndt

Herr, deine Welt ist schön

Herr, deine Welt ist schön, Herr, deine Welt ist gut;
Gieb mir nur hellen Sinn, gieb mir nur frohen Mut!
Ich fühle, daß ich bin, ich fühle, daß du bist,
Und daß mein Sein von dir ein selger Abglanz ist.
Die Welt beseligst du, beseligst dich in ihr;
Sollt ich nicht selig sein, Allseliger, in dir!

Friedrich Rückert

Der Geist ist wach, das Fleisch ist schwach

Der Morgenstrahl steht auf dem Tal,
die Nebel ziehen drunter her,
und auf der Au liegt still der Tau
wie Perlen in dem weißen Meer.
Wie ich nun alles recht beschaut,
da wirds mir rege im Gemüte,
daß alles nur ein Wort, ein Laut,
o Gott, von deiner Lieb und Güte!

Die Erd in Pracht hast du gemacht
für mich, dein ungetreues Kind,
und den Azur der Wolkenflur,
für mich den frischen Morgenwind.
Ach, alle Worte sind zu schwach,
um deine Liebe zu verkünden,
und dennoch läßt mein Streben nach,
und jeder Tag sieht mich in Sünden.

Herr, steh mir bei, da du aufs neu
mir einen jungen Tag verliehn;
der Geist ist wach, das Fleisch ist schwach,
und ohne Frucht ist mein Bemühn.
Doch deine Hand ist stark und fest,
will ich nur willig sie umfassen;
ach, wer nicht selber dich verläßt,
den hast du nimmermehr verlassen.

O Herr, wenn oft und unverhofft
mich kleine Kränkungen bedrohn,
sei mein Gesicht zu dir gericht',
und mein Gedanke sei: dein Lohn!
Ach, manches Leiden groß und schwer
gabst du mir Gnade zu besiegen;
und vor der kleinen Sorgen Heer
sollt meine Stärke unterliegen?

Herr, mich befrei von falscher Scheu,
von Hoffart und von Ungeduld,
und all mein Sinn sich wende hin
zu deinem Kreuz und meiner Schuld.
Wer diesen Tag mich schmäht und kränkt,
dem laß mich gern und treu verzeihen,
und ihn laß, eh die Nacht sich senkt,
vor dir sein Unrecht still bereuen.

Zu deinem Preis, auf dein Geheiß
will ich an meine Pflichten gehn;
wie auch die Welt sie rings umstellt,
ich will nur deinen Willen sehn.
Mein Wirken über Haus und Kind,
das ruht in deinen weisen Händen,
was sich mit deinem Preis beginnt,
das muß zu deinem Ruhme enden.

Annette von Droste-Hülshoff

Laß mich dein Werkzeug sein

O Herr, ich gebe mich dir, ich vertraue dir ganz. Du bist weiser als ich, du liebst mich mehr als ich mich selbst. Wolle denn deinen hohen Ratschluß in mir erfüllen, was immer er sei – wirke in mir und durch mich. Ich bin geboren, dir zu dienen, dir zu gehören, dein Werkzeug zu sein. Laß mich dein blindes Werkzeug sein! Ich will nicht sehen – ich will nicht wissen. Ich verlange nichts, als daß du mich gebrauchst.

John Henry Newman

Die Liebe heilige all unser Tun

Brenne an in unsern Herzen als heiliges Feuer die Liebe, die langmütig ist und freundlich, nicht mißgünstig ist, nicht Mutwillen treibt, sich nicht aufbläht. Die Liebe, die sich nicht ungebärdig stellt, nicht das Ihre sucht, sich nicht verbittern läßt, nicht nach Schaden trachtet. Die Liebe, die sich nicht freut an der Ungerechtigkeit, sondern an der Wahrheit. Die Liebe, die alles erträgt, alles glaubt, alles hoffet, alles duldet.

Diese Liebe gib uns, o Vater, als Begleiterin auf unserer Lebensbahn, sie verkläre unser Herz und unser Leben, von hier aus flamme ihre Verklärung über unser Haus und unsere Gemeinde. Sie heilige all unser Tun, mildere unsern Eifer, sei unsere Trösterin bei den Urteilen der Welt und unseres Gewissens Gericht. Sie sei unsere Sonne, wenn es dunkel wird für uns auf Erden, und wenn der Leib zerfällt, so sei sie unsere Brücke, auf welcher der entbundene Geist in deine Arme eilt, o Vater, der du die Liebe bleibst von Ewigkeit zu Ewigkeit.

Jeremias Gotthelf

Mich locken nicht die Himmelsauen

Mich locken nicht die Himmelsauen
Im Paradies, im sel'gen Land;
Dort find' ich keine schönre Frauen,
Als ich bereits auf Erden fand.

Kein Engel mit den feinsten Schwingen
Könnt' mir ersetzen dort mein Weib;
Auf Wolken sitzend Psalmen singen,
Wär' auch nicht just mein Zeitvertreib.

O Herr! Ich glaub', es wär' das beste,
Du ließest mich in dieser Welt;
Heil nur zuvor mein Leibgebreste
Und sorge auch für etwas Geld.

Ich weiß, es ist voll Sünd' und Laster
Die Welt; jedoch ich bin einmal
Gewöhnt, auf diesem Erdpechpflaster
Zu schlendern durch das Jammertal.

Genieren wird das Weltgetreibe
Mich nie, denn selten geh' ich aus;
In Schlafrock und Pantoffeln bleibe
Ich gern bei meiner Frau zu Haus.

Laß mich bei ihr! Hör' ich sie schwätzen,
Trinkt meine Seele die Musik
Der holden Stimme mit Ergötzen.
So treu und ehrlich ist ihr Blick!

Gesundheit nur und Geldzulage
Verlang' ich, Herr! O laß mich froh
Hinleben noch viel schöne Tage
Bei meiner Frau im statu quo!

Heinrich Heine

Miserere

Die Söhne des Glückes beneid' ich nicht
Ob ihrem Leben, beneiden
Will ich sie nur ob ihrem Tod,
Dem schmerzlos raschen Verscheiden.

Im Prachtgewand, das Haupt bekränzt
Und Lachen auf der Lippe,
Sitzen sie froh beim Lebensbankett –
Da trifft sie jählings die Hippe.

Im Festkleid und mit Rosen geschmückt,
Die noch wie lebend blühten,
Gelangen in das Schattenreich
Fortunas Favoriten.

Nie hatte Siechtum sie entstellt,
Sind Tote von guter Miene,
Und huldreich empfänget sie an ihrem Hof
Zarewna Proserpine.

Wie sehr muß ich beneiden ihr Los!
Schon sieben Jahre mit herben,
Qualvollen Gebresten wälz' ich mich
Am Boden und kann nicht sterben!

O Gott, verkürze meine Qual,
Damit man mich bald begrabe;
Du weißt ja, daß ich kein Talent
Zum Martyrtume habe.

Ob deiner Inkonsequenz, o Herr,
Erlaube, daß ich staune:
Du schufest den fröhlichsten Dichter und raubst
Ihm jetzt seine gute Laune.

Der Schmerz verdumpft den heitern Sinn
Und macht mich melancholisch,
Nimmt nicht der traurige Spaß ein End',
So werd' ich am Ende katholisch.

Ich heule dir dann die Ohren voll
Wie andre gute Christen –
O Miserere! Verloren geht
Der beste der Humoristen!

Heinrich Heine

Mein Herz

Schlaflose Nacht, der Regen rauscht,
Sehr wach ist mir das Herz und lauscht
Zurück bald nach vergangnen Zeiten,
Bald horcht es, wie die künftgen schreiten.

O Herz, dein Lauschen ist nicht gut;
Sei ewig, Herz, und hochgemut!
Da hinten ruft so manche Klage,
Und vorwärts zittert manche Frage.

Wohlan! Was sterblich war, sei tot!
Naht Sturm! wohlan! – wie einst das Boot
Mit Christus Stürme nicht zerschellten,
So ruht in dir der Herr der Welten.

Nikolaus Lenau

Gebet

In Stunden tiefster Düsterkeit,
Da Not mich schwer bedrückt,
Hat mich aus meiner Traurigkeit
Nur ein Gebet entrückt.
Das heilge Wort gibt Segen mir
Durch seinen sanften Klang.
Ich atme auf, ich bleibe hier
Gebannt wie von Gesang.
Vom Herzen fällts wie Zentnerlast
Die Sorge von mir weicht,
Ich glaube wieder, weine fast;
Mir wird so leicht, so leicht.

Michail Lermontow

Zum neuen Jahr

Wie heimlicher Weise
Ein Engelein leise
Mit rosigen Füßen
Die Erde betritt,
So nahte der Morgen.
Jauchzt ihm, ihr Frommen,
Ein heilig Willkommen,
Ein heilig Willkommen!
Herz, jauchze du mit!

In ihm sei's begonnen,
Der Monde und Sonnen
An blauen Gezelten
Des Himmels bewegt.
Du Vater, du rate!
Lenke du und wende!
Herr, dir in die Hände
Sei Anfang und Ende,
Sei alles gelegt!

Eduard Mörike

Gebet

Herr! schicke, was du willst,
Ein Liebes oder Leides;
Ich bin vergnügt, daß beides
Aus deinen Händen quillt.

Wollest mit Freuden
Und wollest mit Leiden
Mich nicht überschütten!
Doch in der Mitten
Liegt holdes Bescheiden.

Eduard Mörike

Requiem

Seele, vergiß sie nicht,
Seele, vergiß nicht die Toten!

Sieh, sie umschweben dich,
Schauernd, verlassen,
Und in den heiligen Gluten,
Die den Armen die Liebe schürt,
Atmen sie auf und erwarmen
Und genießen zum letztenmal
Ihr verglimmendes Leben.

Seele, vergiß sie nicht,
Seele, vergiß nicht die Toten!

Sieh, sie umschweben dich,
Schauernd, verlassen,
Und wenn du dich erkaltend
Ihnen verschließest, erstarren sie
Bis hinein in das Tiefste.

Dann ergreift sie der Sturm der Nacht,
Dem sie, zusammengekrampft in sich,
Trotzten im Schoße der Liebe,
Und er jagt sie mit Ungestüm
Durch die unendliche Wüste hin,
Wo nicht Leben mehr ist, nur Kampf
Losgelassener Kräfte
Um erneuertes Sein!

Seele, vergiß sie nicht,
Seele, vergiß nicht die Toten!

Friedrich Hebbel

Die Weihe der Nacht

Nächtliche Stille!
Heilige Fülle,
Wie von göttlichem Segen schwer,
Säuselt aus ewiger Ferne daher.

Was da lebte,
Was aus engem Kreise
Auf ins Weitste strebte,
Sanft und leise
Sank es in sich selbst zurück
Und quillt auf in unbewußtem Glück.

Und von allen Sternen nieder
Strömt ein wunderbarer Segen,
Daß die müden Kräfte wieder
Sich in neuer Frische regen,
Und aus seinen Finsternissen
Tritt der Herr, so weit er kann,
Und die Fäden, die zerrissen,
Knüpft er alle wieder an.

Friedrich Hebbel

Gebet

Die du, über die Sterne weg,
Mit der geleerten Schale
Aufschwebst, um sie am ewgen Born
Eilig wieder zu füllen:
Einmal schwenke sie noch, o Glück,
Einmal, lächelnde Göttin!
Sieh, ein einziger Tropfen hängt
Noch verloren am Rande,
Und der einzige Tropfen genügt,
Eine himmlische Seele,
Die hier unten in Schmerz erstarrt,
Wieder in Wonne zu lösen.
Ach! Sie weint dir süßeren Dank
Als die anderen alle,
Die du glücklich und reich gemacht;
Laß ihn fallen, den Tropfen!

Friedrich Hebbel

Morgenwanderung

Wer recht in Freuden wandern will,
Der geh der Sonn entgegen;
Da ist der Wald so kirchenstill,
Kein Lüftchen mag sich regen;
Noch sind nicht die Lerchen wach,
Nur im hohen Gras der Bach
Singt leise den Morgensegen.

Die ganze Welt ist wie ein Buch,
Darin uns aufgeschrieben
In bunten Zeilen manch ein Spruch,
Wie Gott uns treu geblieben;
Wald und Blumen nah und fern
Und der helle Morgenstern
Sind Zeugen von seinem Lieben.

Da zieht die Andacht wie ein Hauch
Durch alle Sinne leise,
Da pocht ans Herz die Liebe auch
in ihrer stillen Weise,
Pocht und pocht, bis sich's erschließt,
Und die Lippe überfließt
Von lautem, jubelndem Preise.

Und plötzlich läßt die Nachtigall
Im Busch ihr Lied erklingen,
In Berg und Tal erwacht der Schall
Und will sich aufwärts schwingen,

Und der Morgenröte Schein
Stimmt in lichter Glut mit ein:
Laßt uns dem Herrn lobsingen.

Emanuel Geibel

Bekenntnis

Ich bin ein unglückselig Rohr:
Gefühle und Gedanken
Seh' rechts und links, zurück und vor,
In jedem Wind ich schwanken.

Da liegt nichts zwischen Sein und Tod,
Was ich nicht schon erflehte:
Heut bitt' ich um des Glaubens Brot,
Daß morgen ich's zertrete;

Bald ist's im Herzen kirchenstill,
Bald schäumt's wie Saft der Reben,
Ich weiß nicht, was ich soll und will –
Es ist ein kläglich Leben!

Dich ruf' ich, der das Kleinste du
In deinen Schutz genommen,
Gönn meinem Herzen Halt und Ruh,
Gott, laß mich nicht verkommen;

Leih mir die Kraft, die mir gebricht,
Nimm weg, was mich verwirret,
Sonst lösch es aus, dies Flackerlicht,
Das über Sümpfe irret!

Theodor Fontane

Unter Sternen

Wende dich, du kleiner Stern,
Erde! wo ich lebe,
Daß mein Aug', der Sonne fern,
Sternenwärts sich hebe!

Heilig ist die Sternenzeit,
Öffnet alle Grüfte;
Strahlende Unsterblichkeit
Wandelt durch die Lüfte.

Mag die Sonne nun bislang
Andern Zonen scheinen,
Hier fühl' ich Zusammenhang
Mit dem All' und Einen!

Hohe Luft, im dunklen Tal,
Selber ungesehen,
Durch den majestät'schen Saal
Atmend mitzugehen!

Schwinge dich, o grünes Rund,
In die Morgenröte!
Scheidend rückwärts singt mein Mund
Jubelnde Gebete!

Gottfried Keller

Frühlingsglaube

Es wandert eine schöne Sage
Wie Veilchenduft auf Erden um,
Wie sehnend eine Liebesklage
Geht sie bei Tag und Nacht herum.

Das ist das Lied vom Völkerfrieden
Und von der Menschheit letztem Glück,
Von goldner Zeit, die einst hienieden,
Der Traum als Wahrheit, kehrt zurück.

Wo einig alle Völker beten
Zum Einen König, Gott und Hirt:
Von jenem Tag, wo den Propheten
Ihr leuchtend Recht gesprochen wird.

Dann wird's nur Eine Schmach noch geben,
Nur eine Sünde in der Welt:
Des Eigen-Neides Widerstreben,
Der es für Traum und Wahnsinn hält.

Wer jene Hoffnung gab verloren
Und böslich sie verloren gab,
Der wäre besser ungeboren:
Denn lebend wohnt er schon im Grab.

Gottfried Keller

Siehst du den Stern

Siehst du den Stern im fernsten Blau,
Der flimmernd fast erbleicht?
Sein Licht braucht eine Ewigkeit,
Bis es dein Aug' erreicht!

Vielleicht vor tausend Jahren schon
Zu Asche stob der Stern;
Und doch steht dort sein milder Schein
Noch immer still und fern.

Dem Wesen solchen Scheines gleicht,
Der ist und doch nicht ist,
O Lieb', dein anmutvolles Sein,
Wenn du gestorben bist!

Gottfried Keller

Du hältst alle guten Gaben in deiner Hand

Vater im Himmel! Du hältst alle guten Gaben in deiner Hand. Dein Überfluß ist reicher, als daß menschlicher Verstand ihn fasse, du bist willig zu geben, und deine Güte ist größer, als daß eines Menschen Herz sie verstehe; denn du erfüllst jede Bitte und gibst, um was wir bitten, oder gibst noch Besseres, als was wir bitten. So gib du denn jedem seinen zugewiesenen Teil, wie es dir wohlgefällt; aber gib du auch jedem die Überzeugung, daß alles von dir kommt, damit nicht die Freude uns von dir reiße in der Vergessenheit der Lust, damit nicht das Leid die Scheidewand setze zwischen dich und uns; sondern daß wir in der Freude hinsuchen zu dir und im Leide bei dir bleiben, damit, wann unsere Tage gezählt sind, und der äußere Mensch verdorben ist, der Tod nicht kalt und furchtbar in seinem eigenen Namen komme, sondern mild und freundlich mit Gruß und Botschaft, mit Zeugnis von dir, unserem Vater, der du im Himmel bist! Amen.

Sören Kierkegaard

Was es heißt, Mensch zu sein

Vater im Himmel! Was man in der Gesellschaft der Menschen, insbesondere also im Menschengewimmel, so schwer zu wissen bekommt und, wenn man es woanders zu wissen bekommen hat, so leicht vergißt – das nämlich, was es heißt, Mensch zu sein, und was die göttliche Forderung an den Menschen ist: daß wir das doch von der Lilie und dem Vogel lernen oder, wenn es vergessen wurde, wieder lernen möchten. Daß wir das lernen möchten, wenn nicht auf einmal und ganz, so doch etwas davon und nach und nach! Daß wir diesmal von dem Vogel und der Lilie lernen möchten: Stillsein, Gehorsam, Freude!

Sören Kierkegaard

Wieder ist ein Jahr vergangen

Wieder ist ein Jahr vergangen, himmlischer Vater! Wir danken dir dafür, daß es zur Zeit der Gnade gelegt ward, und erschrecken nicht darüber, daß es auch zur Zeit der Rechenschaft gelegt werden soll; denn wir vertrösten uns auf deine Barmherzigkeit. Das neue Jahr steht vor uns mit seinen Forderungen; und gehen wir auch gebeugt und bekümmert hinein, weil wir vor uns nicht verheimlichen können und wollen den Gedanken an der Augen Lust, die betörte; an die Süße der Rache, die verführte; an den Zorn, der uns unversöhnlich machte; an das kalte Herz, das weit von dir wegfloh; – so gehen wir doch auch nicht ganz mit leeren Händen hinein; denn wir wollen auch sie mit uns nehmen: die Erinnerung an die bangen Zweifel, die beruhigt wurden; an die stillen Bekümmerungen, die gelindert wurden; an den niedergedrückten Sinn, der erhoben wurde; an die frohe Hoffnung, die nicht beschämt wurde. Ja, wenn wir in sorgenvollen Augenblicken unsern Sinn stärken und aufrichten wollen durch den Gedanken an die großen Männer, deine erwählten Werkzeuge, die in schweren Anfechtungen, in der Angst des Herzens den Sinn frei behielten, den Mut ungeschwächt, den Himmel offen, so wollen wir auch dazu unser Zeugnis legen in der Überzeugung, daß, wenn auch unser Mut im Vergleich mit dem jener nur Mißmut ist, unsere Macht nur Ohnmacht, du doch derselbe bist, derselbe gewaltige Gott, der die Geister prüft im Streit, derselbe Vater, ohne dessen Willen nicht ein Sperling zur Erde fällt. Amen.

Sören Kierkegaard

In der Sistina

In der Sistine dämmerhohem Raum,
Das Bibelbuch in seiner nervgen Hand,
Sitzt Michelangelo in wachem Traum,
Umhellt von einer kleinen Ampel Brand.

Laut spricht hinein er in die Mitternacht,
Als lauscht' ein Gast ihm gegenüber hier,
Bald wie mit einer allgewaltgen Macht,
Bald wieder wie mit seinesgleichen schier:

»Umfaßt, umgrenzt hab ich dich, ewig Sein,
Mit meinen großen Linien fünfmal dort!
Ich hüllte dich in lichte Mäntel ein
Und gab dir Leib, wie dieses Bibelwort.

Mit wehnden Haaren stürmst du feurigwild
Von Sonnen immer neuen Sonnen zu,
Für deinen Menschen bist in meinem Bild
Entgegenschwebend und barmherzig du!

So schuf ich dich mit meiner nichtgen Kraft:
Damit ich nicht der größre Künstler sei,
Schaff mich – ich bin ein Knecht der Leidenschaft –
Nach deinem Bilde schaff mich rein und frei!

Den ersten Menschen formtest du aus Ton,
Ich werde schon von härterm Stoffe sein,
Da, Meister, brauchst du deinen Hammer schon,
Bildhauer Gott, schlag zu! Ich bin der Stein.«

Conrad Ferdinand Meyer

Säerspruch

Bemeßt den Schritt! Bemeßt den Schwung!
Die Erde bleibt noch lange jung!
Dort fällt ein Korn, das stirbt und ruht.
Die Ruh ist süß. Es hat es gut.
Hier eins, das durch die Scholle bricht.
Es hat es gut. Süß ist das Licht.
Und keines fällt aus dieser Welt,
Und jedes fällt, wie's Gott gefällt.

Conrad Ferdinand Meyer

Die tote Liebe

Entgegen wandeln wir
Dem Dorf im Sonnenkuß,
Fast wie das Jüngerpaar
Nach Emmaus,
Dazwischen leise
Redend schritt
Der Meister, dem sie folgten
Und der den Tod erlitt.
So wandelt zwischen uns
Im Abendlicht
Unsre tote Liebe,
Die leise spricht.
Sie weiß für das Geheimnis
Ein heimlich Wort,
Sie kennt der Seelen
Allertiefsten Hort.
Sie deutet und erläutert
Uns jedes Ding,
Sie sagt: so ist's gekommen,
Daß ich am Holze hing.
Ihr habet mich verleugnet
Und schlimm verhöhnt,
Ich saß im Purpur,
Blutig, dorngekrönt,
Ich habe Tod erlitten,
Den Tod bezwang ich bald,
Und geh in eurer Mitten
Als himmlische Gestalt –

Da ward die Weggesellin
Von uns erkannt,
Da hat uns wie den Jüngern
Das Herz gebrannt.

Conrad Ferdinand Meyer

Dem unbekannten Gott

Noch einmal, eh' ich weiterziehe
Und meine Blicke vorwärts sende,
Heb' ich vereinsamt meine Hände
Zu dir empor, zu dem ich fliehe,
Dem ich in tiefster Herzenstiefe
Altäre feierlich geweiht,
Daß allezeit
Mich deine Stimme wieder riefe.

Darauf erglüht tief eingeschrieben
Das Wort: Dem unbekannten Gotte.
Sein bin ich, ob ich in der Frevler Rotte
Auch bis zur Stunde bin geblieben:
Sein bin ich – und ich fühl' die Schlingen,
Die mich im Kampf darniederziehn
Und, mag ich fliehn,
Mich doch zu seinem Dienste zwingen.

Ich will dich kennen, Unbekannter,
Du tief in meine Seele Greifender,
Mein Leben wie ein Sturm
Durchschweifender,
Du Unfaßbarer, mir Verwandter!
Ich will dich kennen, selbst dir dienen.

Friedrich Nietzsche

Alexis Carrel
Das Gebet

Einleitung

Uns Abendländern will es scheinen, die Vernunft sei der Intuition stark überlegen. Wir ziehen die Intelligenz dem Empfinden kräftig vor. Die Wissenschaft leuchtet, während die Religion rußt. Wir folgen Descartes und verlassen Pascal.

Daher suchen wir vor allem die Intelligenz in uns zu fördern. Die nicht-intellektuellen Regungen des Geistes – etwa der moralische Sinn, der Sinn für Schönheit und vor allem der Sinn für das Heilige – werden fast ganz vernachlässigt. Das Verkümmern dieser wesentlichen Regungen macht den modernen Menschen geistig blind. Solche Verkrüppelung raubt ihm aber die Eignung zu einem gesunden Baustein der Gesellschaft. Das Zerbröckeln unserer Zivilisation ist der schlechten Qualität der einzelnen zuzuschreiben. Seelisches erweist sich in der Tat als ebenso unentbehrlich für das Gelingen des Lebens wie Intellektuelles und Materielles. Es ist daher dringend nötig, die Regungen der Seele in uns zu wecken, welche – viel mehr als die Intelligenz – der Persönlichkeit Kraft verleihen. Unter ihnen am meisten verkannt ist der Sinn für das Heilige oder der religiöse Sinn.

Der Sinn für das Heilige findet seinen Ausdruck vor allem im Gebet. Das Gebet ist – wie der Sinn für das Heilige – offenkundig ein seelisches Phänomen. Die Welt der Seele entzieht sich nun aber unseren technischen Mitteln. Wie läßt sich da eine positive Kenntnis des Gebets erwerben? Der Bereich der Wissenschaft umfaßt glücklicherweise alles Beobachtbare. Und so läßt er sich dank der Mittlerschaft der Physiologie auf die Manifestationen des Seelischen ausdehnen. Wir werden also durch systematische Beobachtung des betenden Menschen erfahren, worin das Phänomen des Gebets, seine Technik und seine Wirkungen bestehen.

Definition des Gebets

Das Gebet erweist sich im wesentlichen als Ausgreifen des Geistes nach dem unstofflichen Substrat der Welt. Im allgemeinen besteht es aus einer Klage, einem Angstschrei oder einem Hilferuf. Mitunter wird es zu einer abgeklärten Schau des allen Dingen immanenten und transzendenten Prinzips. Es läßt sich auch als eine Erhebung der Seele zu Gott hin bestimmen. Als ein Akt der Liebe und der Anbetung gegenüber dem, von dem das Wunder des Lebens stammt. Kurz, das Gebet stellt das Bemühen des Menschen dar, mit einem unsichtbaren Wesen in Beziehung zu treten, mit dem Schöpfer alles Bestehenden, mit der höchsten Weisheit, Kraft und Schönheit, mit dem Vater und Heiland eines jeden von uns. Weit davon entfernt, ein simples Sprechen bestimmter Formeln zu sein, stellt das wahre Gebet einen mystischen Zustand dar, wo das Bewußtsein in Gott aufgeht. Dieser Zustand ist nicht intellektueller Art. So bleibt er denn auch den Philosophen und Gelehrten bis zur Unbegreiflichkeit verschlossen. Gleich wie der Sinn für das Schöne und die Liebe bedarf es keines Buchwissens. Die Einfältigen spüren ebenso selbstverständlich Gott wie die Sonnenwärme oder den Duft einer Blume. Aber dieser Gott, der für den, der zu lieben versteht, so zugänglich ist, verbirgt sich dem, der nur begreifen kann. Das Denken und die Sprache versagen, wenn er beschrieben werden soll. Daher findet das Gebet seinen höchsten Ausdruck in einem Aufschwung der Liebe durch die dunkle Nacht der Intelligenz hindurch.

Seine Technik – wie soll man beten?

Wie sollen wir beten? Wir haben die Technik des Gebets von den christlichen Mystikern gelernt, angefangen mit dem heiligen Paulus bis zum heiligen Benedikt und zu der Unzahl namenloser Apostel, die die Völker des Abendlandes während zwanzig Jahrhunderten ins religiöse Leben eingeführt haben. Platos Gott war in seiner Größe unzugänglich. Der Gott Epiktets verschmolz mit der Seele der Dinge. Jahwe war ein orientalischer Despot, der nicht Liebe, sondern Schrecken einflößte. Umgekehrt das Christentum: es hat Gott in die Reichweite des Menschen gebracht. Es hat Gott ein Gesicht gegeben. Es hat ihn zu unserem Vater, unserem Bruder und unserem Heiland gemacht. Um Gott zu erreichen, bedarf es keines komplizierten Zeremoniells und keiner blutigen Opfer mehr. Das Beten ist leicht geworden und seine Technik einfach.

Zum Beten genügt das Bemühen, sich auf Gott auszurichten. Und zwar ein Bemühen des Empfindens, nicht des Intellekts. Eine Betrachtung über Gottes

Größe ist, zum Beispiel, kein Gebet, wenn sie nicht gleichzeitig Liebe und Vertrauen ausdrückt. So geht ein Gebet nach der Methode La Salles von einer intellektuellen Erwägung aus, um sofort auf das Empfinden überzugreifen. Ob kurz oder lang, ob laut oder nur innerlich, das Gebet muß dem Gespräch eines Kindes mit seinem Vater gleichen. »Man stellt sich Gott so, wie man ist«, hat einmal eine kleine Barmherzige Schwester gesagt, die sich seit dreißig Jahren im Dienste der Armen verzehrt. Kurz, man betet so, wie man liebt: mit seinem ganzen Wesen.

Was nun die Formen des Gebets betrifft, so reichen sie vom kurzen Stoßseufzer bis zur Kontemplation, von den schlichten Worten der Bäuerin vor dem Kalvarienberg an der Weggabelung bis zum Preislied des Gregorianischen Chorals unter den Gewölben der Kathedrale. Feierlichkeit, Erhabenheit und Schönheit sind für die Wirksamkeit des Gebetes nicht erforderlich. Nur ganz wenige Menschen haben so zu beten verstanden wie der heilige Johannes vom Kreuz oder der heilige Bernhard von Clairvaux. Aber man braucht nicht beredt zu sein, um erhört zu werden. Mißt man den Wert eines Gebetes an seinen Ergebnissen, so scheinen dem Herrn aller Wesen unsere bescheidensten Worte des Bittens und Lobens ebenso annehmbar wie die schönsten Anrufungen. Auch automatenhaft geleierte Worte sind irgendwie ein Gebet. Ebenso eine Kerzenflamme. Es genügt, daß die beharrlich wiederholten Formeln und die stoffliche Flamme den Trieb eines Menschen zu Gott hin symbolisieren. Auch Taten können Gebete sein. Der heilige Aloysius von Gonzaga hat gesagt, Pflichterfüllung sei dem Beten ebenbürtig.

Die beste Weise, mit Gott zu kommunizieren, ist ganz ohne Zweifel die, seinen Willen restlos zu erfüllen. »Unser Vater, Dein Reich komme, Dein Wille geschehe wie im Himmel so auf Erden ...« Und Gottes Willen tun besteht offensichtlich darin, jenen Gesetzen des Lebens zu gehorchen, die unserem Fleisch, unserem Blut und unserer Seele eingeschrieben sind.

Die Gebete, die wie eine große Wolke von der Erde aufsteigen, sind untereinander ebenso verschieden wie die Persönlichkeiten der Beter. Und doch wandeln sie alle nur zwei Themen ab: Not und Liebe. Es ist ganz in Ordnung, Gottes Hilfe anzurufen, um das zu erlangen, wessen man bedarf. Doch wäre es abgeschmackt, die Befriedigung einer Laune zu erbitten oder das, was wir uns mit eigener Anstrengung verschaffen sollen. Die zudringliche, hartnäckige, angriffige Bitte kommt zum Ziel: ein Blinder, der am Wegrand saß, heulte sein Flehen immer lauter, trotz der Leute, die ihn zum Schweigen bringen wollten. »Dein Glauben hat dich geheilt«, sagte Jesus, als er vorüberkam. In seiner höchsten Form ist das Gebet kein Bitten mehr. Der Mensch bekennt dem Herren aller Dinge, daß er ihn liebt, daß er ihm für seine Gaben dankt, daß er bereit ist, seinen Willen – was immer es sei – zu erfüllen. Das Gebet wird zur Beschauung. Ein alter Bauer sitzt allein in der letzten Bank der leeren Kirche. »Worauf warten Sie?« fragt man ihn. »Ich schaue ihn an«, antwortet er, »und er schaut mich an.« Den Wert einer Technik mißt man an ihren Resultaten. Beim Beten ist jede Technik gut, solange sie den Menschen mit Gott in Berührung bringt.

Wo und wann soll man beten? Man kann überall beten: auf der Straße, im Auto, in der Eisenbahn, im Büro, in der Schule, in der Fabrik. Besser betet es sich freilich auf dem Feld, in den Bergen und im Wald, oder in der Einsamkeit des Zimmers. Es gibt auch das liturgische Beten, das in der Kirche stattfindet. Aber wo immer man betet, Gott spricht zum Menschen nur, wenn dieser in sich Ruhe schafft. Die innere Ruhe hängt einerseits vom organischen und seelischen Zustand ab, anderseits von der Umgebung, in die wir eingetaucht sind. Körperlicher und geistiger Friede sind im Wirrwarr, im Lärm und in der Zerstreutheit einer modernen Stadt schwer zu erlangen. Heutzutage brauchen wir Stätten des Gebets, am besten Kirchen, wo der Städter jene physischen und psychischen Voraussetzungen finden kann – und sei es auch nur für einen kurzen Augenblick –, die für seine innere Stille unerläßlich sind. Es wäre weder schwierig noch kostspielig, inmitten des städtischen Tumultes solche einladenden und schönen Friedensinseln zu schaffen. In der Stille solcher Zufluchtsorte könnten die Menschen ihre Gedanken zu Gott erheben, ihre Muskeln und ihre Organe ausruhen lassen, ihren Geist entspannen, ihr Urteil klären und die Kraft empfangen, deren sie bedürfen, um das harte Leben zu ertragen, das unsere Zivilisation ihnen auferlegt.

Nur wenn das Beten zur Gewohnheit wird, formt es den Charakter. Man muß also häufig beten. »Denk häufiger an Gott, als du Atem holst«, sagt Epiktet. Es ist sinnlos, am Morgen zu beten und sich den übrigen

Tag wie ein Barbar zu benehmen. Ganz kurze Gedanken oder innerliche Anrufungen vermögen dem Menschen Gott dauernd zu vergegenwärtigen. Und so wird das ganze Verhalten vom Gebet bestimmt. So verstanden, wird das Gebet zu einer Weise der Lebensführung.

Wirkung des Gebets

Das Gebet zeitigt immer Ergebnisse, wenn es auf geeignete Weise verrichtet wird. »Niemand hat je gebetet, ohne dabei etwas zu lernen«, schreibt Ralph Waldo Emerson. Trotzdem hält der moderne Mensch das Gebet für eine mißbräuchliche Gewohnheit, für eitel Aberglauben, für einen Rest von Barbarei. Dabei wissen wir so gut wie nichts über seine Auswirkungen.

Welches sind die Gründe für unsere Unwissenheit? Zunächst die Seltenheit des Gebets. Der Sinn für das Heilige kommt den Zivilisierten immer mehr abhanden. Wahrscheinlich macht die Zahl der Franzosen, die regelmäßig beten, nicht mehr als vier oder fünf Prozent der Gesamtbevölkerung aus. Sodann sind die Gebete häufig unfruchtbar. Denn die Mehrzahl der Beter besteht aus Egoisten, Heuchlern, Hochmütigen oder Pharisäern, unfähig zum Glauben oder Lieben. Und wenn sich Wirkungen einstellen, entgehen sie uns oft. Die Antwort auf unsere Bitten und auf unsere Liebe ergeht in der Regel langsam, unmerklich, fast unhörbar. Das Stimmchen, das diese Antwort tief in unserm Inneren flüstert, wird vom Lärm der Welt leicht erstickt. Auch die materiellen Ergebnisse des Betens bleiben im

Dunkeln. Meist vermischen sie sich mit andern Erscheinungen. Nur wenige Menschen, selbst unter den Priestern, haben daher Gelegenheit, sie genau zu beobachten. Und die Ärzte lassen sich die Fälle, die ihnen vor Augen kommen, aus Mangel an Interesse häufig unbeachtet entgehen. Überdies werden die Beobachter oft durch den Umstand irregeführt, daß die Antwort längst nicht immer die erwartete ist. Manch einer, zum Beispiel, der um Heilung von einer organischen Krankheit bittet, bleibt zwar krank, erfährt aber eine tiefe und unerklärliche seelische Wandlung. Immerhin ist die Gewohnheit des Betens, so selten im Ganzen der Bevölkerung, noch verhältnismäßig verbreitet unter jenen Gruppen, die der Religion der Väter treu geblieben sind. Dort ist es auch heute noch möglich, ihren Einfluß zu studieren. Der Arzt hat Gelegenheit, von ihren unzähligen Auswirkungen vor allem jene zu beobachten, die man psycho-physiologisch und heilend nennt.

Psycho-physiologische Auswirkungen

Die Auswirkungen des Gebets auf Geist und Körper scheinen von seiner Qualität, seiner Intensität und seiner Häufigkeit abzuhängen. Die Häufigkeit des Betens ist leicht in Erfahrung zu bringen und bis zu einem gewissen Maße auch seine Intensität. Seine Qualität dagegen bleibt eine Unbekannte, denn wir verfügen über keine Möglichkeit, den Glauben und die Kapazität der Nächstenliebe zu messen. Immerhin vermag uns die Lebensweise des Beters über die Qualität der Anrufungen aufzuklären, die er an Gott richtet. Selbst wenn das Gebet von geringem Werte ist und hauptsächlich aus dem automatenhaften Hersagen bestimmter Formeln besteht, übt es einen Einfluß auf das Verhalten aus. Es stärkt den Sinn für das Heilige und gleichzeitig den für Moral. Kreise, wo gebetet wird, sind geprägt von einem ausdauernden Pflichtgefühl und Verantwortungsbewußtsein, von geringer Eifersucht und Boshaftigkeit sowie von einer gewissen Güte gegenüber andern. Es scheint erwiesen, daß der Charakter und der moralische Wert – bei gleicher Entwicklung des Intellekts – von Individuen, die beten – und sei es auch nur auf mittelmäßige Weise –, höher stehen als die von Nicht-Betern.

Wo das Gebet regelmäßig und wirklich inbrünstig verrichtet wird, ist sein Einfluß klar ersichtlich. Er läßt sich dem einer Drüse mit innerer Sekretion vergleichen, etwa dem der Schilddrüse oder der Nebenniere. Er besteht in einer Art seelischer und organischer Umwandlung. Diese Umwandlung schreitet fort. Man möchte sagen, in der Tiefe des Bewußtseins werde eine Flamme entfacht. Der Mensch sieht sich so, wie er ist. Er entdeckt seine Ichbezogenheit, seine Begierde, seine Fehlurteile und seinen Hochmut. Er unterzieht sich der Erfüllung seiner moralischen Pflicht. Er strebt nach intellektueller Demut. So tut sich ihm das Reich der Gnade auf... Nach und nach stellt sich ein innerer Friede ein, eine Harmonie der nervlichen und geistigen Strebungen, eine größere Geduld in Armut, Verleumdung oder Sorge; die Kraft, den Verlust der Seinen, Schmerz, Krankheit und Tod zu tragen, ohne schwach zu werden, wächst. So darf sich denn auch der Arzt freuen, der sieht, daß sein Patient zu beten beginnt. Die Ruhe, die das Gebet erzeugt, ist ein mächtiger Helfer der Therapie.

Das Gebet darf aber nicht mit einem Opiat verglichen werden. Denn außer der Ruhe zeitigt es eine Integration der seelischen Kräfte, eine Art Blüte der Persönlichkeit. Ja mitunter Heldenmut. Es zeichnet seine Getreuen mit einem besonderen Siegel aus. Die Reinheit des Blicks, die Gelassenheit der Haltung, die heitere Freude im Ausdruck, die Männlichkeit des Verhaltens und – wenn nötig – die schlichte Hinnahme des Soldaten- oder Märtyrer-Todes: sie verraten die Anwesenheit des auf dem Grunde der Organe und des Geistes verborgenen Schatzes. Unter seinem Einfluß machen selbst die Unwissenden, die Zurückgebliebenen, die Schwachen, die Minderbegabten von ihren intellektuellen und seelischen Kräften einen besseren Gebrauch. Das Gebet erhebt die Menschen – so will es scheinen – über den seelischen Stand, der ihnen nach Erbe und Erziehung zukommt. Der Umgang mit Gott durchdringt sie mit Frieden. Und Frieden strahlen sie aus. Und bringen den Frieden überallhin, wohin sie auch gehen. Leider gibt es in der Welt zur Zeit nur eine winzige Anzahl von Menschen, die wirksam zu beten verstehen.

Heilende Wirkung

Zu allen Zeiten haben vor allem Heilwirkungen des Betens die Aufmerksamkeit der Menschen auf sich gezogen. Auch heute noch spricht man in Kreisen, wo gebetet wird, recht häufig von Heilungen, welche von Bitten erzielt worden sind, die man an Gott oder an Heilige gerichtet hat. Wo es sich aber um Krankheiten handelt, bei denen eine spontane Heilung oder eine Heilung mit der Hilfe üblicher Medikamente möglich ist, fällt es schwer, zu entscheiden, wodurch die Heilung tatsächlich zustande kommt. Nur in Fällen, wo keine Therapie verfängt oder jede versagt hat, können die Ergebnisse des Betens mit Sicherheit festgestellt werden. Das Ärztebüro von Lourdes hat der Wissenschaft große Dienste geleistet, indem es die Tatsächlichkeit von Heilungen bewiesen hat. Manchmal hat das Gebet eine sozusagen explosive Wirkung. Es ist vorgekommen, daß Patienten fast augenblicklich geheilt wurden, und zwar von Krankheiten wie einem Lupus im Gesicht, Krebs, Niereninfektionen, Geschwüren und Lungen-, Knochen- oder Bauchfell-Tuberkulose. Das Phänomen spielt sich fast immer auf gleiche Weise ab. Ein heftiger Schmerz. Darauf das Gefühl, geheilt zu sein. In wenigen Sekunden, längstens in wenigen Stunden, verschwinden die Symptome und die anatomischen Verletzungen. Das Wunder zeichnet sich durch eine extreme Beschleunigung der normalen Heilvorgänge aus. Eine solche Beschleunigung ist Chirurgen und Physiologen in ihren Erfahrungen bisher sonst nie begegnet.

Damit sich solche Phänomene einstellen, ist es nicht erforderlich, daß der Kranke betet. In Lourdes sind kleine, der Sprache noch nicht mächtige Kinder und Ungläubige geheilt worden. Aber in ihrer Nähe hat jemand gebetet. Das Gebet, das für einen andern verrichtet wird, fruchtet immer mehr als eines in eigener Sache. Die Wirkung hängt offenbar von der Intensität und Qualität des Gebetes ab. In Lourdes sind die Wunder viel weniger häufig als noch vor vierzig oder fünfzig Jahren. Denn die Kranken finden dort nicht mehr jene Atmosphäre tiefer Sammlung vor, die einst geherrscht hat. Die Pilger sind zu Touristen geworden, und ihr Beten bleibt ohne Wirkung.

Das sind die Gebetserfolge, von denen ich sichere Kenntnis habe. Daneben gibt es eine Menge anderer. Die Geschichte der Heiligen, selbst moderner, berichtet viele wunderbare Tatsachen. Unzweifelhaft sind die meisten Wunder, die zum Beispiel dem Pfarrer von Ars zugeschrieben werden, echt. Die Gesamtheit dieser Phänomene führt uns in eine neue Welt, deren Erforschung noch nicht begonnen hat und viele Überraschungen für uns bereithält. Schon läßt sich mit Sicherheit sagen, daß Beten greifbare Wirkungen zeitigt. Wie seltsam uns die Sache auch vorkommen mag, wir müssen als wahr anerkennen, daß jeder, der bittet, empfängt und daß jedem, der anklopft, aufgetan wird.

Bedeutung des Gebets

Kurz, alles geschieht so, als ob Gott den Menschen hörte und ihm antwortete. Die Wirkungen des Betens sind keine Selbsttäuschungen. Man braucht den Sinn für das Heilige nicht auf die Angst zu reduzieren, die der Mensch angesichts der Gefahren, die ihn umgeben, und des geheimnisvollen Alls empfindet. Und man braucht aus dem Gebet auch nicht einen Schlaftrunk zu machen, ein Mittel gegen unsere Furcht vor dem

Leiden, vor Krankheit und Tod. Welche Rolle spielt also der Sinn für das Heilige? Und welchen Platz in unserem Leben weist die Natur selbst dem Gebet zu? Einen sehr wichtigen. Fast zu allen Zeiten haben die Menschen des Abendlandes gebetet. Die antike Stadt war in erster Linie eine religiöse Einrichtung. Die Römer errichteten Tempel überall. Im Mittelalter übersäten unsere Vorfahren das Gebiet der Christenheit mit gotischen Kathedralen und Kapellen. Noch heutzutage ragt in jedem Dorf ein Glockenturm. Mit Kirchen, so gut wie mit Universitäten und Fabriken, haben die aus Europa gekommenen Pilgerväter die Kultur des Abendlandes in die Neue Welt verpflanzt. Im Laufe unserer Geschichte ist Beten ein ebenso elementares Bedürfnis gewesen wie Erobern, Arbeiten, Bauen oder Lieben. Ja, der Sinn für das Heilige erweist sich als ein Trieb aus der tiefsten Tiefe unserer Natur, als ein grundlegendes Tun. Seine Variationen innerhalb einer menschlichen Gruppe sind fast immer mit denen anderer grundlegender Regungen verknüpft: mit Variationen des moralischen Sinnes, des Charakters und manchmal des Sinns für das Schöne. Und wir haben es zugelassen, daß dieser so wichtige Teil unseres Selbst verkümmert und mitunter verschwindet.

Man muß bedenken, daß der Mensch den Launen seiner Phantasie nicht ohne Gefahr stattgibt. Soll das Leben gelingen, so muß es unwandelbaren Regeln folgen, die sich aus seiner Struktur selbst ergeben. Wir setzen viel aufs Spiel, wenn wir irgendeine grundlegende Regung in uns absterben lassen, sei sie nun physiologischer, intellektueller oder seelischer Art. So ist zum Beispiel die mangelhafte Entwicklung der Muskeln, des Skeletts und der nicht-rationalen Regungen des Geistes bei gewissen Intellektuellen ebenso unheilvoll wie die Verkümmerung der Intelligenz und des moralischen Sinnes bei gewissen Athleten. Es gibt unzählige Beispiele fruchtbarer und starker Familien, die nur noch Degenerierte hervorbrachten oder ausstarben, nachdem sie den Glauben der Väter und den Kult der Ehre verloren hatten. Eine bittere Erfahrung hat uns gelehrt, daß der Verlust des Sinnes für Sittlichkeit und für das Heilige bei der Mehrzahl der aktiven Elemente einer Nation zum Niedergang dieser Nation und zu ihrer Versklavung an Fremde führt. Dem Sturze des antiken Griechenland ging eine entsprechende Erscheinung voraus. Ganz offenkundig ist die Unterdrückung von der Natur gewollter seelischer Regungen unvereinbar mit einem erfüllten Leben.

In der Praxis sind die sittlichen und die religiösen Regungen miteinander verknüpft. Kurze Zeit nach dem Sinn für das Heilige schwindet auch der moralische Sinn. Es ist dem Menschen nicht gelungen – was Sokrates wollte –, ein moralisches System unabhängig von jeder religiösen Lehre zu entwickeln. Gesellschaften, die das Bedürfnis zu beten verloren haben, sind im allgemeinen nicht weit davon entfernt, zu degenerieren. Daher müssen sich alle Zivilisierten – Ungläubige ebenso wie Gläubige – für das schwere Problem der Entwicklung aller grundlegenden Regungen, deren der Mensch fähig ist, interessieren.

Warum spielt der Sinn für das Heilige für das Gelingen eines Lebens eine so wichtige Rolle? Durch welchen Mechanismus wirkt das Gebet auf uns? Hier verlassen wir den Bereich der Beobachtung und betreten den der Hypothese. Aber selbst kühne Hypothesen sind für den Fortschritt des Wissens nötig. Es gilt vorab, sich zu vergegenwärtigen, daß der Mensch ein unteilbares Ganzes darstellt, bestehend aus Geweben, organischen Flüssigkeiten und Bewußtsein. Er glaubt sich von seiner materiellen Umgebung, das heißt, vom kosmischen All, unabhängig und ist doch in Wirklichkeit davon untrennbar. Denn sein ständiger Bedarf an Sauerstoff aus der Luft und Nährstoffen aus der Erde bindet ihn an diese Umgebung. Anderseits geht der lebende Körper in dem physikalischen Kontinuum nicht vollständig auf. Er besteht aus Materie, aber auch aus Geist. Und obwohl der Geist seinen Sitz in unseren Organen hat, erstreckt er sich doch über die vier Dimensionen des Raumes und der Zeit hinaus. Sollen wir da nicht glauben dürfen, daß wir gleichzeitig die kosmische Welt und einen ungreifbaren, unsichtbaren, unstofflichen Bereich bewohnen, dessen Natur der unseres Bewußtseins gleicht und dem wir uns ebensowenig ohne Schaden entziehen können wie dem materiellen und menschlichen All? Dieser Bereich wäre nichts anderes als jenes allen Wesen immanente Wesen, das sie alle transzendiert und das wir Gott nennen. Man könnte also den Sinn für das Heilige mit dem Bedürfnis nach Sauerstoff vergleichen. Und das Beten entspräche etwa dem Atmen. Man hätte darin also ein Werkzeug der natürlichen Beziehungen zwischen dem Bewußtsein und dem ihm eigentümlichen Bereich zu sehen. Etwas wie eine biologische Regung, die sich aus unserer Struktur ergibt. Mit anderen Worten: eine normale Funktion unseres Körpers und unseres Geistes.

Schluß

Fassen wir zusammen: dem Sinn für das Heilige eignet im Vergleich mit den übrigen Regungen des Geistes eine einzigartige Bedeutung. Setzt er uns doch in Beziehung zu der geheimnisvollen Unermeßlichkeit der geistigen Welt. Im Gebet naht der Mensch Gott, und Gott geht in den Menschen ein. Beten erweist sich als unumgänglich für unsere optimale Entwicklung. Wir dürfen im Gebet keine Handlungsweise sehen, der sich nur geistig Schwache hingeben, nur Bettler und Feiglinge. Nietzsche schrieb, Beten sei eine Schande. In Wahrheit ist Beten keine größere Schande als Trinken oder Atmen. Der Mensch braucht Gott ebenso, wie er Wasser und Sauerstoff braucht. Zusammen mit der Intuition, dem moralischen Sinn, dem Schönheitssinn und dem Lichte der Intelligenz bringt der Sinn für das Heilige die Persönlichkeit zur vollen Blüte. Ohne Zweifel bedarf es zum Gelingen des Lebens der Entfaltung jeder einzelnen unserer physiologischen, intellektuellen, affektiven und spirituellen Regungen. Der Geist ist Vernunft und Empfindung zugleich. Wir sollen also die Schönheit der Wissenschaft und auch die Schönheit Gottes lieben. Wir müssen mit dem gleichen Eifer auf Pascal wie auf Descartes hören.

Inhalt

Thomas Merton — Vorwort 7

Buch Hiob — Ich aber würde zu Gott mich wenden 11
Psalm 22 — Leiden und Herrlichkeit des Gerechten 12
Psalm 23 — Der gute Hirte 15
Psalm 104 — Lob des Schöpfers 16
Psalm 148 — Gottes Lob im Himmel und auf Erden 19
Salomo — Alles hat seine Zeit 21
Jesaja — Gesang der Seraphine 23
Jesus von Nazareth — Vater unser 24
Sehet die Vögel unter dem Himmel 25
Paulus — Frühchristlicher Hymnus 26
Aurelius Augustinus — Wie sehr hast du uns geliebt 27
Spät hab' ich dich geliebt 28
Von nun an liebe ich dich allein 29
Anselm von Canterbury — Wir lieben dich, o unser Gott 31
Hartmann von Aue — Nach Weltlust suchend 32
Walther von der Vogelweide — Vom Geheimnis Gottes 33
Franz von Assisi — Herr, mache mich zum Werkzeug deines Friedens 34
Sonnengesang 35
Albertus Magnus — Mein Ursprung und mein Ziel 37
Thomas von Aquin — Gib mir, o Herr, ein festes Herz 38
Ein dauernder Akt der Liebe 40
Heinrich Seuse — Dein Lob will ich sprechen 41
Johannes Tauler — Mein wahrhafter Freund 42
Francesco Petrarca — Du allein weißt meinen Jammer 44
Katharina von Siena — Glaube 46
Hoffnung 47
Liebe 48

Jan Hus	Gib uns einen starken Geist 49
Thomas a Kempis	Auf Erden ist alles Eitelkeit 50
	Der Friede ist dem Nächsten 51
Nikolaus von Kues	Glauben und Liebe 52
Niklaus von der Flüe	Nimm alles von mir, was mich hindert zu dir 53
Girolamo Savonarola	Du weißt, was meinem Tun gebricht 54
Erasmus von Rotterdam	Die dunkle Nacht der Sünde 55
Thomas Morus	Schenke mir Sinn für Humor 56
Albrecht Dürer	Der Lockruf des menschlichen Wahnes 57
Michelangelo Buonarroti	Glaube Gabe aller Gaben 58
Mathias Grünewald	Laß mich Licht sein 59
Martin Luther	Aus tiefer Not schrei ich zu dir 60
	In einem freien richtigen Glauben 61
	Im Vertrauen auf deine Gnade 62
Ignatius von Loyola	Seele Christi, heilige mich 63
	Hingabe ohne Wenn und Aber 64
	Lehre mich die wahre Großmut 65
Teresa von Avila	Nur die Liebe gibt den Werken Wert 66
	Nächstenliebe 67
	Herr, mache mit mir, was du willst 68
Wilhelm von Oranien	Herr, gib mir Gelassenheit 69
Johannes vom Kreuz	Erleuchte die Finsternis meiner Seele 70
Johannes Kepler	Dank dir, Schöpfer und Herr 71
Jakob Böhme	Alles, was Atem hat, lobt dich in deiner Kraft 72
Friedrich von Spee	Lob Gottes 73
Oliver Cromwell	Vergib dieses törichte Gebet 76
Paul Fleming	In allen meinen Taten 77
	Ergebenheit 79
	An meinen Erlöser 80
Paul Gerhardt	An das Angesicht des Herrn Jesu 81
	Ich bin ein Gast auf Erden 84
	Befiehl du deine Wege 88
	Nun ruhen alle Wälder 91

Angelus Silesius	Sie verspricht sich, ihn bis in den Tod zu lieben 94
	Mensch, werde wesentlich 96
Christian Knorr von Rosenroth	Morgenandacht 100
Andreas Gryphius	Wie ist die Zeit vertan 102
Hans Jakob Christoffel von Grimmelshausen	Komm, Trost der Nacht 103
Blaise Pascal	Du bist immer der gleiche 105
	Ich weiß nicht, was mir nützlich ist 106
Johann Christian Günther	Abendlied 107
Gerhard Tersteegen	Wem du dich gegeben, kann in Frieden leben 109
Friedrich Gottlieb Klopstock	Nacht und Tod 111
Christian Fürchtegott Gellert	Nun dann in Gottes Namen 112
	Die Ehre Gottes aus der Natur 114
Johann Wilhelm Ludwig Gleim	Morgengesang 116
Matthias Claudius	Nur eine kleine Weile 117
	Täglich zu singen 118
	Abendlied 120
Johann Gottfried Seume	Du Vater, Lenker meiner Tage 122
Ludwig Christoph Heinrich Hölty	Das Landleben 123
Johann Wolfgang von Goethe	Eins und Alles 125
	Sehnsucht 127
	Prooemion 128
Friedrich Schiller	Der Pilgrim 129
	An die Freude 131
Jean Paul	Ich sage euch 135
Johann Peter Hebel	Neujahrslied 136
Friedrich Hölderlin	Lied der Liebe 137
Heinrich von Kleist	Gebet des Zoroaster 140
	Der höhere Frieden 142
Novalis	Geistliches Lied 143
	Wenn alle untreu werden 145
	Gottlob, daß ich auf Erden bin 147
Clemens Brentano	Danke für die schöne Welt 148
Achim von Arnim	Gebet 149
Ludwig Uhland	Schäfers Sonntagslied 150
	Zimmerspruch 151

Joseph von Eichendorff	Morgengebet 152
	Walt' Gott! 153
	Mondnacht 154
Ernst Moritz Arndt	Abendlied 155
Friedrich Rückert	Herr, deine Welt ist schön 156
Annette von Droste-Hülshoff	Der Geist ist wach, das Fleisch ist schwach 157
John Henry Newman	Laß mich dein Werkzeug sein 159
Jeremias Gotthelf	Die Liebe heilige all unser Tun 160
Heinrich Heine	Mich locken nicht die Himmelsauen 161
	Miserere 163
Nikolaus Lenau	Mein Herz 165
Michail Lermontow	Gebet 166
Eduard Mörike	Zum neuen Jahr 167
	Gebet 168
Friedrich Hebbel	Requiem 169
	Die Weihe der Nacht 171
	Gebet 172
Emanuel Geibel	Morgenwanderung 173
Theodor Fontane	Bekenntnis 175
Gottfried Keller	Unter Sternen 176
	Frühlingsglaube 177
	Siehst du den Stern 178
Sören Kierkegaard	Du hältst alle guten Gaben in deiner Hand 179
	Was es heißt, Mensch zu sein 180
	Wieder ist ein Jahr vergangen 181
Conrad Ferdinand Meyer	In der Sistina 182
	Säerspruch 184
	Die tote Liebe 185
Friedrich Nietzsche	Dem unbekannten Gott 187
Alexis Carrel	Das Gebet 189

Alphabetisches Verzeichnis der Gebetsanfänge

Ach Gott, vom Himmel erbarme dich unser 57
Alles hat seine Zeit 21
Allgenugsam Wesen 109
Allmächtiger Gott, du bist so groß und bist so weit 33
Anrufen will ich, den ich beleidigt habe 44
Aus tiefer Not schrei ich zu dir 60

Befiehl du deine Wege 88
Bemeßt den Schritt 184
Brenne an in unsern Herzen 160

Christus, einziger Meister 52

Das ist der Tag des Herrn 150
Das neue Haus ist aufgericht't 151
Der du die wahre Sonne bist 55
Der Feierabend ist gemacht 107
Der Herr ist mein Hirte 15
Der Mensch lebt und bestehet nur eine kleine Zeit 117
Der Mond ist aufgegangen 120
Der Morgenstrahl steht auf dem Tal 157
Der schnelle Tag ist hin 102
Der Tag ist nun vergangen 155
Die du, über die Sterne weg 172
Die Himmel rühmen des Ewigen Ehre 114
Die Söhne des Glückes beneid' ich nicht 163
Dies wird die letzte Trän nicht sein 127
Du allgewaltiger Gott, du weißt, was meinem Tun allein gebricht 54
Du bist aus der erhabenen Höhe deiner Gottheit herabgestiegen 48
Du bist jenes Licht über allem Licht 46
Du, der du durch das Licht der Natur 71
Du höchster, mächtigster und gütger Herr 35

Engelfreuden ahnend 137
Entgegen wandeln wir 185
Erhöre meine Not 80
Es wandert eine schöne Sage 177
Es war, als hätt der Himmel die Erde still geküßt 154
Ewiger und allmächtiger Gott, Gottes eingeborener Sohn 37
Ewiges Wort, eingeborener Sohn Gottes 65

Freude, schöner Götterfunken 131

Gestern stürmts noch 153
Gewähre mir, ich bitte dich 38
Gib Liebe mir und einen frohen Mund 149
Gib mein Gott, daß ich mit stets gleicher Seelenruhe 106
Gib mir, Herr, nicht Gold und Silber 62
Gottlob, daß ich auf Erden bin 147
Gott, mein Vater im Himmel 140

Halleluja! Lobet im Himmel den Herrn 19
Heilig, heilig, heilig ist der Herr Zebaoth 23
Herr, das sicherste Zeichen 67
Herr, deine Welt ist schön 156
Herr, dein Geist ist so gut 105
Herr, gib mir die Gelassenheit 69
Herr, mache mich zum Werkzeug deines Friedens 34
Herr, mein Gott, wenn ich gleich ein armes und elendes Geschöpf bin 76
Herr! schicke, was du willst 168
Herr, tue an mir, deiner armen Kreatur 41
Herr, von nun an liebe ich dich allein 29
Herr, wie weit bin ich noch von der wahren Liebe 51
Hoffnung, du sanfte Schwester des Glaubens 47

Ich aber würde zu Gott mich wenden 11
Ich bin ein Gast auf Erden 84
Ich bin ein unglückselig Rohr 175
Ich danke Gott 118
Ich glaube an Gott Vater 61
Ich sage euch, 's ist alles heilig jetzt 135
Ich will dich lieben, meine Stärke 94
Im Grenzenlosen sich zu finden 125
Im Namen dessen, der sich selbst erschuf 128
In allen meinen Taten 77
In der Sistine dämmerhohem Raum 182
In Stunden tiefster Düsterkeit 166

Jesus, liebster Herr Jesus 59
Jetzt wickelt sich der Himmel auf 73

Kein Tierlein ist auf Erden 148
Komm, Trost der Nacht 103

Laß dich nur nichts nicht dauern 79
Laß, o guter Jesus, meine Seele zu jeder Stunde den Flug zu dir nehmen 40
Lobe den Herrn, meine Seele 16

Mein Herr und mein Gott, nimm alles von mir 53

Mein Gott, hier auf Erden ist alles Eitelkeit 50
Mein Gott, mein Gott, warum hast du mich verlassen 12
Mein Vater, der mich nährt und schützt 122
Mensch, werde wesentlich 96
Mich locken nicht die Himmelsauen 161
Mit der Freude zieht der Schmerz 136
Möge ich nimmer, o Gott, nimmer mein Vertrauen auf etwas setzen 68
Morgenglanz der Ewigkeit 100

Nach Weltlust bin ich lange Zeit suchend gegangen 32
Nächtliche Stille 171
Nicht nur weil ich in meiner Not 42
Nichts ist so niedrig 58
Nimm hin, o Herr, meine ganze Freiheit 64
Noch einmal, eh' ich weiterziehe 187
Noch in meines Lebens Lenze 129
Nun dann in Gottes Namen 112
Nun ruhen alle Wälder 91

O Anblick der Glanznacht 111
Ob er wohl in göttlicher Gestalt war 26
O du allergnädigster Herr Jesus Christus 49
O gebenedeiter Glaube 70
O Gott, du überglänzendes, ewigscheinendes Licht 72
O Haupt voll Blut und Wunden 81
O Herr, ich gebe mich dir 159
O wunderbares, tiefes Schweigen 152

Schenke mir eine gute Verdauung, Herr 56
Schlaflose Nacht, der Regen rauscht 165
Seele Christi, heilige mich 63
Seele, vergiß sie nicht 169
Sehet die Vögel unter dem Himmel an 25
Siehst du den Stern im fernsten Blau 178
Spät hab' ich dich geliebt, o Schönheit 28

Vater im Himmel! Du hältst alle guten Gaben 179
Vater im Himmel! Was man in der Gesellschaft der Menschen 180
Vater unser im Himmel 24

Wende dich, du kleiner Stern 176
Wenn alle untreu werden 145
Wenn ich ihn nur habe 143
Wenn sich auf des Krieges Donnerwagen 142
Wer recht in Freuden wandern will 173
Wieder ist ein Jahr vergangen 181

Wie heimlicher Weise 167
Wie könnte ich eine deiner würdige Liebe haben 66
Wie sehr hast du uns geliebt 27
Wir lieben dich, o unser Gott 31
Wohlauf! Es tagt vortrefflich schon 116
Wunderseliger Mann, welcher der Stadt entfloh 123

Alphabetisches Verzeichnis der Autoren

Albertus Magnus (um 1206–1280) 37
Angelus Silesius (1624–1677) 94 f.
Anselm von Canterbury (1033–1109) 31
Arndt, Ernst Moritz (1769–1860) 155
Arnim, Achim von (1781–1831) 149
Augustinus, Aurelius (354–430) 27 ff.

Böhme, Jakob (1575–1624) 72
Brentano, Clemens (1778–1842) 148
Buonarroti, Michelangelo (1475–1564) 58

Carrel, Alexis (1873–1944) 189
Claudius, Matthias (1740–1815) 117 ff.
Cromwell, Oliver (1599–1658) 76

Droste-Hülshoff, Annette von (1797–1848) 157
Dürer, Albrecht (1471–1528) 57

Eichendorff, Joseph von (1788–1857) 152 ff.
Erasmus von Rotterdam (1469–1536) 55

Fleming, Paul (1609–1640) 77 ff.
Fontane, Theodor (1819–1898) 175
Franz von Assisi (1181–1226) 34 f.

Geibel, Emanuel (1815–1884) 173
Gellert, Christian Fürchtegott (1715–1769) 112 f.
Gerhardt, Paul (1607–1676) 81 ff.
Gleim, Johann Wilhelm Ludwig (1719–1803) 116
Goethe, Johann Wolfgang von (1749–1832) 125 ff.
Gotthelf, Jeremias (1797–1854) 160
Grimmelshausen, Hans Jakob Christoffel von (um 1622–1676) 103
Grünewald, Mathias (um 1480–1528) 59
Günther, Johann Christian (1695–1723) 107
Gryphius, Andreas (1616–1664) 102

Hartmann von Aue (um 1165–1215) 32
Hebbel, Friedrich (1813–1863) 169 ff.

Hebel, Johann Peter
(1760–1826) 136
Heine, Heinrich
(1797–1856) 161 f.
Hölderlin, Friedrich
(1770–1843) 137
Hölty, Ludwig
Christoph Heinrich
(1748–1776) 123
Hus, Jan (um 1370–1415) 49

Ignatius von Loyola
(1491–1556) 63 ff.

Jean Paul (1763–1825) 135
Jesaja (um 740–701 v. Chr.) 23
Jesus von Nazareth
(um 30 gekreuzigt) 24 f.
Johannes vom Kreuz
(1542–1591) 70

Katharina von Siena
(um 1347–1380) 46 ff.
Keller, Gottfried
(1819–1890) 176 ff.
Kepler, Johannes
(1571–1630) 71
Kierkegaard, Sören
(1813–1855) 179 ff.
Kleist, Heinrich von
(1777–1811) 140 f.
Klopstock, Friedrich Gottlieb
(1724–1803) 111
Knorr von Rosenroth, Christian
(1636–1689) 100

Lenau, Nikolaus
(1802–1850) 165
Lermontow, Michail
(1814–1841) 166
Luther, Martin
(1483–1546) 60 ff.

Merton, Thomas (1915–1968) 7
Meyer, Conrad Ferdinand
(1825–1898) 182 ff.
Mörike, Eduard
(1804–1875) 167 f.
Morus, Thomas (1478–1535) 56

Newman, John Henry
(1801–1890) 159
Nietzsche, Friedrich
(1844–1900) 187
Niklaus von der Flüe
(1417–1487) 53
Nikolaus von Kues
(1401–1464) 52
Novalis (1772–1801) 143 ff.

Pascal, Blaise (1623–1662) 105 f.
Paulus (um 10–65) 26
Petrarca, Francesco
(1304–1374) 44

Rückert, Friedrich
(1788–1866) 156

Salomo
(um 965–926 v. Chr.) 21
Savonarola, Girolamo
(1452–1498) 54
Schiller, Friedrich
(1759–1805) 129 f.
Seume, Johann Gottfried
(1763–1810) 122

Seuse, Heinrich
(um 1295–1366) 41
Spee, Friedrich von
(1591–1635) 73

Tauler, Johannes
(um 1300–1361) 42
Teresa von Avila
(1515–1582) 66ff.
Tersteegen, Gerhard
(1697–1769) 109

Thomas von Aquin
(um 1225–1274) 38f.
Thomas a Kempis
(um 1379–1471) 50f.

Uhland, Ludwig
(1787–1862) 150f.

Walther von der Vogelweide
(um 1170–1230) 33
Wilhelm von Oranien
(1533–1584) 69

Die Verfasser der Psalmen (1000–165 v. Chr.) auf Seite 12ff. und des Buches Hiob (um 500–400 v. Chr.) auf Seite 11 sind unbekannt. Die Texte wurden durch das Alte Testament überliefert.

Bücher, die die Welt verändern, im Diogenes Verlag

● **Also sprach der Erhabene**
Eine Auswahl aus den Reden Gotamo Buddhos. Übertragen von Karl Eugen Neumann
detebe 21443

● **Die Bergpredigt**
Ausgewählte Texte aus dem Neuen Testament
Mit einem Vorwort von H.G. Wells
Diogenes Evergreens

● **Ray Bradbury**
Fahrenheit 451
Roman. Aus dem Amerikanischen von Fritz Güttinger. detebe 20862

● **Anton Čechov**
Die Insel Sachalin
Ein Reisebericht. Aus dem Russischen von Gerhard Dick. detebe 20270

● **Albert Einstein & Sigmund Freud**
Warum Krieg?
Ein Briefwechsel. Mit einem Essay von Isaac Asimov. detebe 20028

● **Ralph Waldo Emerson**
Essays
Herausgegeben und übersetzt von Harald Kiczka. Mit zahlreichen Anmerkungen und einem ausführlichen Index. detebe 21071

● **Franz von Assisi**
Sonnengesang · Testament · Ordensregeln · Briefe · Fioretti
in der Edition von Wolfram von den Steinen, deutsch von Wolfram von den Steinen und Max Kirschstein. detebe 20641

● **Victor Hugo**
Der letzte Tag eines Verurteilten
Aus dem Französischen und Vorwort von W. Scheu. detebe 21234

● **Immanuel Kant**
Deines Lebens Sinn
Herausgegeben und mit einer Einführung von Wolfgang Kraus. detebe 21552

● **Mohammed**
Die Stimme des Propheten
Herausgegeben und mit einer Einführung von Wolfgang Kraus. detebe 21551

● **Thomas Morus**
Utopia
Aus dem Lateinischen von Alfred Hartmann
detebe 20420

● **Das Neue Testament**
Die Frohe Botschaft in der griechischen Urfassung, der lateinischen Vulgata, der Übersetzung von Martin Luther und der englischen King James Bible. detebe 20925

● **George Orwell**
Werkausgabe
in 11 Bänden. detebe 21134
Darin enthalten:
1984
Farm der Tiere

● **Andrej Sacharow**
Wie ich mir die Zukunft vorstelle
Memorandum über Fortschritt, friedliche Koexistenz und geistige Freiheit. Aus dem Russischen von E. Guttenberger. Mit einem Nachwort von Max Frisch. detebe 20116

● **Teresa von Avila**
Die innere Burg
in der Neuedition und -übersetzung von Fritz Vogelgsang. detebe 20643

● **Thomas a Kempis**
Die Nachfolge Christi
Ein kernhafter Auszug aus ›De imitatione Christi‹. Nach dem lateinischen Urtext bearbeitet und mit Anmerkungen herausgegeben von E.A. Kernwart. detebe 21487

● **Henry David Thoreau**
Walden oder das Leben in den Wäldern
Aus dem Amerikanischen von Emma Emmerich und Tatjana Fischer. Vorwort von Walter E. Richartz. detebe 20019

Über die Pflicht zum Ungehorsam gegen den Staat
Ausgewählte Essays. Herausgegeben, übersetzt und mit einem Nachwort von Walter E. Richartz. detebe 20063

● **Oscar Wilde**
Der Sozialismus und die Seele des Menschen
Ein Essay. Aus dem Englischen von Gustav Landauer und Hedwig Lachmann
detebe 20003

Diogenes Hausbücher

Tomi Ungerer

Das große Liederbuch

Über 200 deutsche Volks- und Kinderlieder
Gesammelt von Anne Diekmann unter Mitarbeit
von Willi Gohl. Mit vielen bunten Bildern
von Tomi Ungerer

Janosch

Das große Buch der Kinderreime

Die schönsten Kinderreime aus alter
und uralter Zeit aufgesammelt sowie
etliche ganz neu dazuerfunden
und bunt illustriert

Rasputin

Das Riesenbuch vom Vaterbär
Sechsundsechzig Geschichten aus dem
Familienleben eines Bärenvaters

Das große Märchenbuch

Die schönsten Märchen aus Europa
Gesammelt von Christian Strich. Mit über
600 Bildern von Tatjana Hauptmann

● Deutsche Liebesgedichte

Die hundert schönsten deutschen Liebesgedichte von Walther von der Vogelweide bis Gottfried Keller. Ausgewählt von Christian Strich. Mit Illustrationen von Ludwig Richter. Diogenes Evergreens. Auch als detebe 21497

● Moderne deutsche Liebesgedichte

Von Stefan George bis zur Gegenwart. Herausgegeben von Rainer Brambach
detebe 20777

● Christian Morgenstern

Alle Galgenlieder
detebe 20400

● Wilhelm Müller

Die Winterreise und Die schöne Müllerin
Mit Illustrationen von Ludwig Richter
Diogenes Evergreens

● Oft bin ich schon im Traume dort

Deutschsprachige Dichter und Dichterinnen in ihren letzten Versen. Herausgegeben und eingeleitet von Jutta Rosenkranz
Diogenes Evergreens

● William Shakespeare

Sonette
Deutsch und englisch. Nachdichtung von Karl Kraus. Mit einem Aufsatz aus der ›Fackel‹: ›Sakrileg an George oder Sühne an Shakespeare?‹. detebe 20381

● François Villon

Lieder und Balladen
Das kleine Testament, Die Balladen, Das große Testament. Ins Deutsche übertragen und mit einem biographischen Anhang von K.L. Ammer. detebe 21494

● Walther von der Vogelweide

Liebsgetön
Minnelieder, frei übertragen von Karl Bernhard. Diogenes Evergreens

● Walt Whitman

Grashalme
Nachdichtung von Hans Reisiger. Mit einem Essay von Gustav Landauer. detebe 21351

● Wolf Wondratschek

Die Einsamkeit der Männer
Mexikanische Sonette. Lowry-Lieder
Gebunden. Auch als detebe 21340

Carmen
oder bin ich das Arschloch der achtziger Jahre.
Broschur

● Das Schatzkästlein der schönsten deutschen Gedichte

12 Bände mit Gedichten von Wilhelm Busch, Matthias Claudius, Joseph von Eichendorff, Theodor Fontane, Johann Wolfgang von Goethe, Heinrich Heine, Gottfried Keller, Eduard Mörike, Friedrich Schiller, Walther von der Vogelweide u.v.a. mini-detebe 79535

Deutsche Anthologien im Diogenes Verlag

Das Diogenes Lesebuch klassischer deutscher Erzähler
in drei Bänden:
I. von Wieland bis Kleist, II. von Grimm bis Hauff, III. von Mörike bis Busch. Herausgegeben von Christian Strich und Gerd Haffmans. detebe 20727, 20728, 20669

Das Diogenes Lesebuch moderner deutscher Erzähler
in zwei Bänden: I. von Schnitzler bis Kästner, II. von Andersch bis Hermann Kinder. Herausgegeben von Christian Strich und Gerd Haffmans. detebe 20782, 20776

Dorn im Ohr
Das lästige Liedermacherbuch. Mit Texten von Wolf Biermann bis Konstantin Wecker. Herausgegeben von Bernhard Lassahn
detebe 20617

Geh aus, mein Herz und suche Freud
Die Jahreszeiten in Gedichten, gepriesen von Matthias Claudius bis Gottfried Keller, gezeichnet von Ludwig Richter. Kleine Diogenes Evergreens

Geschichten aus dem Schwarzwald
von Hauff, Goethe, Hebel, Auerbach, Twain, Groddeck, Hesse, Brecht, Jägersberg, Strittmatter u.a. Gesammelt von Jürgen Lodemann
Leinen

Deutsche Liebesgedichte
von Walther von der Vogelweide bis Gottfried Keller. Herausgegeben von Christian Strich. Mit Illustrationen von Ludwig Richter
Diogenes Evergreens. Auch als detebe 21497

Moderne deutsche Liebesgedichte
von Stefan George bis zur Gegenwart. Herausgegeben von Rainer Brambach
detebe 20777

Liebesgeschichten aus Deutschland
von Johann Wolfgang von Goethe bis Alfred Andersch. Herausgegeben von Christian Strich und Fritz Eicken. detebe 21122

Liebesgeschichten aus Österreich
von Adalbert Stifter bis Heimito von Doderer. Herausgegeben von Maria und Herbert Eisenreich. detebe 21123

Liebesgeschichten aus der Schweiz
von Jeremias Gotthelf bis Max Frisch. Herausgegeben von Christian Strich und Tobias Inderbitzin. detebe 21124

O du fröhliche, o du selige Weihnachtszeit
Die schönsten deutschen Weihnachtsgedichte, herausgegeben von Anne Schmucke. Mit Illustrationen von Richter, Pocci u.a.
Diogenes Evergreens

Oft bin ich schon im Traume dort
Deutschsprachige Dichter und Dichterinnen in ihren letzten Versen. Herausgegeben und eingeleitet von Jutta Rosenkranz
Diogenes Evergreens

Neues deutsches Theater
Stücke von Handke bis Wondratschek. Herausgegeben von Karlheinz Braun und Peter Iden. detebe 20018